Llun y clawr blaen: Geoff Charles
Llun y clawr cefn: HTV

DALEN
dalenllyfrau.com

Meic Stevens : Caniadau
Eiddo Meic Stevens yw'r hawliau moesol i'w gyfansoddiadau a gyhoeddir yn y llyfr hwn

© Dalen (Llyfrau) Cyf 2022
Cyhoeddwyd gan Dalen (Llyfrau) Cyf, Glandŵr, Tresaith, Ceredigion SA43 2JH
ISBN 978-1-913573-04-1

Archifo : Gari Melville
Dylunio : Alun Ceri Jones
Golygu : Dafydd Jones

Mae Dalen yn cydnabod cefnogaeth ariannol Cyngor Llyfrau Cymru

CYMYSG
Papur o
ffynonellau cyfrifol
FSC
www.fsc.org
FSC® C022174

Argraffwyd ym Mhrydain gan Severn, Caerloyw, ar bapur o ffynonellau cyfrifol

meic stevens

C A N I A D A U

DUARNANEZ.

Lleisiau'n canu'r geiriau.

3odd Cychod Pysgod 4 Saib!

DUARNANEZ, DUARNANEZ, PYSGOD YN Y BORE,
DUARNANEZ, DUARNANEZ, CYCHOD WRTH Y CEI.
DUARNANEZ, DUARNANEZ, HEDDIW AR EI ORE,
DUARNANEZ, DUARNANEZ, CYCHOD WRTH Y CEI.

② YN YR HAUL ③

GLAS A GWYRDD A GWYN YW'R MÔR, A'R COED AR NEN
       YN DUARNANEZ

YN Y FARCHNAD PYSGOD, STŴR AR LAN Y DŴR
       YN DUARNANEZ.

Lleisiau'n canu OOO!

CYTGAN

BOMBARDS, BINIOUS, DRYMIAU'N TARO, GYDA'R HWYR YN
       DUARNANEZ,
WRTH YR EGLWYS ROWN NI'N DAWNSIO MEWN
      'FEZ-NOZ' YN DUARNANEZ

CYTGAN.

AWN NI NÔL CYN BO HIR DROS Y MOR I DUARNANEZ,
CERDDWN NI TRWY STRYDOEDD CUL I BWYTA
      MOULES YN DUARNANEZ.

CYTGAN.

fadeout.

Ail Cyt.

3. Cychod yn y bore
  pysgod ar y cei

CANIADAU

GWELER HEFYD Y MYNEGAI

I'R CANEUON A'R CERDDI

"*Good*"
ar gyfer Cymraeg

"*Very good work*"
ar gyfer Ysgrythur

"*Makes no effort*"
ar gyfer Cerddoriaeth

CYFLWYNIAD

fe ddaw weithiau, yng nghyffro ysgrifennu'r gân, "rhywbeth o rywle i rai dynion, yn hollol ddigymell, unwaith yn y pedwar amser neu unwaith mewn oes". Rhywbeth o rywle ... dyma feddyliau T. H. Parry-Williams uwch elfennau barddoniaeth, cyn lled-fanylu ar gyffro'r creu sy'n cynhyrfu'r cnawd, ac hyd yn oed yn gwneud i gyrff ddechrau siglo. "Yn wir," meddai:

nid yw'r dyn yn hollol sicr ei fod wedi ei gael nes teimlo rhyw ysfa i'w fynegi, er, efallai, nad oes ganddo ddim gwirioneddol i'w fynegi, dim ond rhoddi "to airy nothing a local habitation and a name".

Mae'r llyfr yma'n casglu'r hyn y rhoddwyd lle ac enw iddynt yng nghaneuon Meic Stevens ar hyd y degawdau – sef yr hyn, i gloi myfyrdod Parry-Williams, a drodd "y cwbl yn fyw" i'r canwr o Solfa. Mae hanes a chyn-hanes Meic mor annatod fel y "gellir dweud amdano mai ei ganu yw ei fywyd", o hwyl caneuon cynharaf y 1950au hyd at yr olaf; o ddisgleirdeb y plentyn bach i ddwyster cân yr henwr. Pan oedd Meic yn fachgen yn ysgol ramadeg Tyddewi, nodwyd sylwadau dadlennol ar ei adroddiadau tymhorol: "Good" ar gyfer Cymraeg; "Very good work" ar gyfer Ysgrythur; "Makes no effort" ar gyfer Cerddoriaeth. Saesneg oedd cyfrwng y sŵn newydd ar donfeddi i'w fagwraeth yn Sir Benfro wedi'r Ail Ryfel Byd, iaith y canu gwyllt drwy'r haf yn ystafell gefn y Bay Hotel, yr iaith a heriwyd ganddo nes ei daflu allan o fwy nag un tafarn, a iaith di-wifr y *Saturday Skiffle Club* ym 1957–8. Clywodd frenin y skiffle, Lonnie Donegan ("how many were inspired but won't admit it?" holodd unwaith) am y tro cyntaf, a gwirioneddau Woodie Guthrie, trwbadŵr y llwch, ac yn bymtheg oed fe ddysgodd fersiwn Appalachaidd o'r faled 'Pretty Polly', a chân draddodiadol o'r llynges, 'Sailor's Song', gan forwr yn Solfa. Gyda'i glust wrth y set radio bob Sadwrn, cofnodai cyn gynted ag y medrai eiriau rhyfedd caneuon yn mynegi profiadau'n eglur a straeon mor afaelgar – "They waited in the rain / To get the east-bound train / They're going where John Henry lies dead" – cyn mentro i Gaerdydd ar gychwyn blwyddyn fel myfyriwr celf a chamu oddi ar ei drên i gaddug y docwyr a merched y dafarn las, y porth o dan y bont a agorai ar sŵn django Victor Parker a dirgelwch Tiger Bay:

Ro'n i wrth fy modd. Roedd hi'n ffein anadlu awyr y môr, teimlo gwynt y de yn fy ngwyneb, yn cario crïe mil o adar y môr. Mae gwynt neilltuol i ddocie bob amser: gwynt mwg, stêm, olew, tar, mwg diesel, pysgod a sawr sbeisys, bacwn ac wye'n coginio, cyrri Madras, chop suey, chwys a'r môr.

Tra yn fyfyriwr, roedd Meic yn lletya yng nghartref Wncwl Rhys ac Anti Nancy ar Heol Gabriel, ac ar ei anturiaethau amgen drwy neuaddau pop cymoedd y de, rhywle rhwng Abercynon a Phenrhiwceiber, cafodd fenthyg gitâr Tuxedo gan Tom Jones. Un noson yn Moulders Arms yr hen Gaerdydd, daeth sylfaenydd y Mike Harries New Orleans Jazzmen "i ishte yn ei ymyl ac i wrando arno yn trin y gitâr … ac o fewn fawr o dro gofynnwyd i Meic a fedrai chwarae'r banjo" – a dyna hi, wrth i'r myfyriwr dwy-ar-bymtheg oed ymuno gyda'r Jazzmen (a gyda'r ysgolhaig Shakespearaidd Terry Hawkes yn chwarae'r drwms), a chynffon groupies yn dilyn y gylchdaith rhwng Caerdydd a Bryste.

Lledaenodd gorwelion Meic i gyfeiriad Llundain ar droad y 1960au, i gyd-ganu'r felan yn y Gyre & Gymble gyda Long John Baldry – a'i gynghorydd doeth, y canwr gwerin Alex Campbell, un o'r "trwbadwriaid meddw, yn gitare a banjos hyd at eu clustiau, bois garw, cadarn fel craig ond … mor dyner ac addfwyn â llaeth a mêl". Y man ymgynnull oedd y Ballads and Blues Club gwreiddiol – sef y Singers Club erbyn y 1960au, lle prin y clywyd unrhyw offeryn heblaw'r llais

a banjo Peggy Seeger (gwrthrych serch Ewan MacColl ym 1957, a phriod dros-dro Campbell ym 1959), a chofiai Meic hefyd glywed Bob Dylan yn canu yno – "when I first heard Dylan I laughed". Tra bo'r adfywiad gwerin yn mynd rhagddo, yn gwyro tuag at wleidyddiaeth asgell chwith ac at ramanteiddio'r dosbarth gweithiol diwydiannol ym meddyliau'r dosbarth canol dinesig, anogwyd Meic i ysgrifennu a chanu ei ganeuon ei hun. Mae'r cyfansoddiadau cynharaf wedi'u gwreiddio yn y cyfnod hwn – sef 'Walter's Song' (1959) ac 'I Saw a Field' (1959; ochr-B ei record sengl gyntaf ym 1965). Ar ddechrau'r 1960au, roedd yn byw yng ngolwg Bryn y Briallu, yn "iste ar y stâr yn Chalk Farm un nosweth yn trial chware fel Big Bill Broonzy ... yn ceisio sgrifennu caneuon ... yn wir, sgrifennais i ddwy ar y grisiau 'na". Roedd Meic wedi clywed Big Bill Broonzy am y tro cynta yng

when I first heard Dylan I laughed

nghasgliad recordiau Albert Young o Solfa, "yn ffaelu credu bod yr holl syne'n dod o un gitâr ... ac yn mynnu bod mwy nag un gitâr yn cael ei chwarae ar y recordiad." Gyda hynny, dechreuodd chwarae ar y gitâr yr hyn a glywai yn ei ben, yn hytrach na'r hyn yr oedd pobl eraill yn ei chwarae – a dyma'r peth allweddol iddo, chwyldro yn ei ddatblygiad cerddorol: "Reit. Mae'n rhaid i fi ddysgu chwarae be sy yn fy mhen ar y gitâr. Roedd e'n gam mawr i mi, wel, gweledigaeth, ondife?" Roedd yn adeg o chwyldro y tu hwnt i gerddoriaeth, wrth gwrs – 1962 oedd blwyddyn traddodi 'Tynged yr Iaith', yn herio cenhedlaeth gyfan i arddel dulliau chwyldro – o Solfa i Lundain ac yna i strydoedd cŵl Paris. Bysgiodd Meic ar hyd y Rive Gauche (cyn ei gyfarfyddiad "bisâr â rhyw fenyw ... rhyw hipi Ffrengig odd dros y top yn llwyr", ac y canodd amdani drachefn yn y gân 'Ware'n Noeth' (1991)), cyn troi am y de a chilfachau gothig Els Quatre Gats yn Barcelona, gan ledu a chywain yr awen.

Ar lwybrau adfywiad gwerin y 1960au, cododd sŵn Martin Carthy yng nghanolbarth Lloegr, a chyfeiliant rhyfeddol ffidil Dave Swarbrick (aelod bryd hynny o'r Ian Campbell Folk Group), ac anelodd Meic am "ganolbwynt y byd canu gwerin a'r felan", sef Manceinion. Yno, cychwynnodd ei yrfa'n swyddogol fel canwr gwerin proffesiynol, gyda'i 'reolwr' cyntaf Charlie Bethel (byddai Charlie yn mynd yn ei flaen i redeg clwb yng Nghaerdydd ddegawd yn ddiweddarach – sef y "Good-time Charlie's elephant's graveyard" y byddai Meic yn canu amdano yn 'Dyna'r Ffordd i Fyw' (1982)). Gyda chyfleoedd i berfformio'n gyhoeddus ym mha le bynnag, "yn y clybie lysho cefen nos … clybie stripio, clybie hoyw – beth bynnag oedd ar gael", treuliodd Meic dair blynedd yn chwarae'r gylchdaith

R&B yn neheudir yr Hen Ogledd – Manceinion, Leeds, Hull, Sheffield, Birmingham a Lerpwl. Byddai'n llywyddu'n rheolaidd yng nghlwb gwerin y Manchester Sport Guild, ac agor ei glybiau ei hun mewn tafarndai yn Piccadilly Manceinion, ac i'r gogledd o'r dre yn Bolton. Byddai'r caneuon a gyfansoddodd yn y dyddiau cynnar yma'n bwydo'r yrfa am ddegawdau i ddod – caneuon fel 'The Libby Waters Song', a recordiwyd yn Saesneg fel 'Still Waters' (1989). Yr un gân yw hon â 'Sylvia' (1985), sy'n cyffwrdd yn y Gymraeg ag unigrwydd y synhwyrodd Meic yn wreiddiol ym mywyd y fyfyrwraig cerddoriaeth glasurol. Fel hyrwyddwr gyda'i gwmni Anglo Continental Enterprises, roedd Richard Reese-Edwards ar y pryd yn sgowtio parthau Manceinion am y Bob Dylan nesa, a threfnodd gytundeb gyda Meic ym 1965 i sicrhau cynhyrchu record sengl yn ogystal â'r moddion i fyw. Bwriodd Meic ati'n syth i ysgrifennu 'Did I Dream', baled serch seml er anwastad ei geiriau, a ddaeth yn record sengl gyntaf iddo. Ac yna, "dyma ddyn yn rhoi dillad i mi, a mynd â fi i lawr i Lundain mewn Jaguar, yn mynd â fi i Carnaby Street, prynu dillad, jîns newydd – tailor-made! A chrysau a sgidiau, cowboy boots go iawn ... A gitâr newydd. Duw, duw!" Arwyddwyd y cytundeb i ryddhau'r sengl ar label Decca gyda Dick Rowe, "the man who not long before had turned the Beatles down", a recordiwyd 'Did I Dream' yn stiwdio Tony Pike yn Putney o dan gyfarwyddiaeth John Paul Jones. Gweithiai Jones yn doreithiog i Decca ar y pryd, yn y blynyddoedd cyn iddo ymuno â Led Zeppelin, prosiect Jimmy Page, ac ef sy'n gyfrifol am y trefniant llinynnol yn ymuno â'r gitâr deuddeg tant hanner ffordd drwy gân Meic – "he did the strings ... I like a bit of strings".

Rhyddhawyd record sengl gyntaf Meic, felly, ar label Decca ym Mehefin 1965, ac aed ati i'w hyrwyddo fel canwr gwerin ar gefn 'Did I Dream'. Teithio'n ddi-baid ar drafnidiaeth gyhoeddus i berfformio fel artist ar ei ben ei hun yn holl neuaddau dawns Mecca gogledd Lloegr, hybu'r record sengl ar deledu rhanbarthol o Scottish Television i TWW, ac yn y wasg o Fanceinion i dde Cymru, cael ei wthio i gyfeiriad pop a chlyweliadau ar gyfer *Ready Steady Go*, ac ymateb i'r alwad a ddaeth o Gaerdydd: "He wants to know if you sing in Welsh" ... "Oh, yes, I used to years ago. I can remember some old folk songs, I think." Ymhlith y caneuon hyn oedd 'Dau Rosyn Coch' ac 'Ar Lan y Môr', a recordiodd Meic y ddwy gân yn TWW Pontcanna i'w darlledu ar raglen newyddion *Y Dydd* – cynhwysodd fersiwn o 'Dau Rosyn Coch' ar ei record hir gyntaf, *Outlander*, dwy flynedd yn ddiweddarach. Eto pylu wnaeth awch cychwynnol Decca ar ôl 'Did I Dream', ac aeth Meic yn ôl i stiwdio Tony Pike rai misoedd wedi hynny gyda Mike Meeropol, gitarydd gwerin o Greenwich Village, a oedd yn fyfyriwr yng Nghaer-grawnt. Dyma pryd y recordiwyd rhai o'r caneuon Saesneg gwreiddiol, caneuon yn cynrychioli'n well arddull gerddorol Meic erbyn canol y 1960au. Roedd y troedio maith rhwng y clybiau gwerin yn sail i'w stori yn 'Walking Talking London Blues', er enghraifft, cân am "Gymro bach heb arian yn y ddinas fawr 'ma, dim ond cerdded o gwmpas nes bod ei draed bron â chwympo bant! ... 'Taffy in London', ti'n gweld, saethodd ei hun yn y diwedd." Rhyddhawyd *September 1965: The Tony Pike Session* ddegawdau wedyn, yn 2002, ar ôl i'r recordiad gwreiddiol fynd ar goll am bron i ddeugain mlynedd. Trwy gyd-ddigwyddiad, roedd Meic yn Llundain ganol y 1960au yn ystod gyrfa fer y cerddor Jackson C. Frank, a ddigwyddodd ac a darfu ar y sîn werin yno rhwng 1964 a 1966. Rhyddhawyd y record hir *Jackson C. Frank* ym 1965, casgliad o ganeuon y canwr ei hun sy'n agor gyda 'Blues Run the Game' – recordiodd Meic ei fersiwn ef o'r gân, 'Glas yw Lliw y Gêm', ugain mlynedd yn ddiweddarach. Rhwng hyn i gyd, llethwyd a llonnwyd Meic yng nghyfnod ysgrifennu 'Song of Sadness' – ei lethu gan chwalfa nerfol (Mandy Rice-Davies o Bont-iets, mewn cabaret yn sgil Profumo, oedd ei angel bryd hynny) a'i loni gan garwriaeth â myfyrwraig ym Manceinion, Tessa Bulman o Gaerliwelydd. Ganwyd eu plentyn cyntaf, Wizz (Isobel), ym 1966. Roedd yr yrfa, yn y cyfamser, yn symud – o Fanceinion i wyliau gwerin cyntaf Caer-grawnt (ym 1966 a'r flwyddyn ganlynol), i rannu llwyfan y Marquee Club yn Llundain gyda'r Reverend Gary Davis, hynafgwr y felan, a'r peth rhyfedda bod "rhaid i fi fynd i hen dre mor frwnt i ddwyn ffrwyth".

Folksinger collapses

Folk singer Mike Stevens, often to be seen and heard playing in the Union Bar, suddenly collapsed while chatting in Coffee Bar last week.

He was rushed to the Manchester Royal Infirmary where it was decided that he was suffering from nervous exhaustion and was consequently advised to have complete rest for a week.

Mr. Stevens, who has had an ever increasing number of bookings in local clubs, cut a disc and recently appeared on television, has found life rather too hectic recently but feels confident that a short rest will soon restore him to his usual self.

MIKE STEVENS *Decca Records*

sgrifennu am bwncie arbennig". Os ydoedd yn glir erbyn 1962 mai "ein mater ni, ein cyfrifoldeb ni, ni'n unig, oedd Tryweryn", yna nid oedd modd osgoi dwys fyfyrdod uwchben chwalfa Capel Celyn er treigl y blynyddoedd. Mae sŵn haniaeth sylwedd ysbrydol a elwid weithiau'n "eneidfaeth" ym myfyrdod y gân, yr hyn sy'n tarddu o etifeddiaeth y Cymro yn isymwybod "profiad canrifoedd difrif":

Nid yw'r gân 'Tryweryn' yn perthyn i genre y caneuon protest, ac nid oes thema genedlgarol amlwg yn perthyn iddi ychwaith. Ond mae'n amlwg ei bod hi'n coleddu y math o genedligrwydd sy'n perthyn i'r un anian ag eneidfaeth, un sydd wedi ei wreiddio'n ddyfnach na slogan ddiweddaraf y protestiwr.

Felly 'Tryweryn' – a thebyg hefyd yw'r hyn a gaed yn ddiweddarach yng ngeiriau 'Ysbryd Solfa' – ond am rhywbeth yn nes at sloganau'r protestiwr, cân brotest fawr Meic yw 'The Vulture and the Dove'. Daeth hon i fod mewn ffurf amrwd wreiddiol yn Solfa ym 1957, ac mae'n cyfeirio'n uniongyrchol yn ei ffurf derfynol at ddigwyddiadau penodol (ond heb enwi) Rhyfel y Chwe Niwrnod rhwng Israel a'i chymdogion Arabaidd degawd yn ddiweddarach. Mae'r gân yn dyddio o flynyddoedd cyn y rhyfel hwnnw (wedi'i recordio'n gyntaf ym 1965 fel rhan o sesiwn Tony Pike), ac enwir Fietnam yn fwriadol yng nghyfieithiad y gân erbyn ei rhyddhau fel 'Yr Eryr a'r Golomen' ym mis Awst 1968. Daeth y cyfieithiad i law ar gais Ruth Price, cynhyrchydd rhaglen adloniant *Hob y Deri Dando* i'r BBC, wedi iddi glywed disg demo o sesiwn Tony Pike:

A wele'n llamu i'r ystafell ŵr ifanc tal iawn mewn siwt lwyd dda, crys pinc a thei blodeuog. "Dyma Hywel Gwynfryn," medde Ruth. "Fe gyfieithith e dy ganeuon di." A dyma Gwynfryn, oedd yn eitha newydd i'r BBC, yn gwenu o glust i glust.

Rhwng y byrdynau, mae'r caneuon cynnar a dadogir i'r cywaith gyda Gwynfryn ymhlith rhai mwyaf cyflawn Meic – 'Yr Eryr a'r Golomen', 'Heddiw, Ddoe a Fory' ac 'Ond dof yn ôl'. Mae'r geiriau'n ddadlennol.

Lein — quire illied

legislate = deddfu

leader — blaenorin
        arweiniawr

Lax — diofal.

Maen delwg bod einioes

Sacrifice = offrwm

ridiculous = chwerthinllyd

ryp = hollt

Offrwm chwerthinllyd ydy'n hoin

Gwlad draidd — o'r mynydel
  Glesnir gfwlad — ar drausgoborn oedy'n
                              i'r don
Gwlad

Einioes yn aros atom ni.

Dallineb awsg yny gwyldy.

sâl = rotten

ruee = ystyr.

right/wrong = cytûniawder

secret = diodd

Hefyd

Yn 'Yr Eryr a'r Golomen', datblygir gwrthdaro delwedd ei theitl cyn herio'n uniongyrchol awdurdodau gwladwriaethol mewn arddull debyg i Dylan ganol y 1960au. Mae 'Heddiw, Ddoe a Fory' yn gweu yn athronyddol deithi 'Rhyddid Ffug' y flwyddyn ganlynol, cân allan o brosiect *Etifeddiaeth Drwy'r Mwg*. Ond yn dilyn ymddangosiad ar *Hob y Deri Dando* fel rhan o arlwy ddarlledu amserlennu'r BBC yn syth ar ôl *Watch With Mother* (un o'r gloch ar brynhawn dydd Iau), daeth gwahoddiad i Meic gan Dennis Rees o Recordiau'r Dryw i gynhyrchu'r EP *Mike Stevens* yn Abertawe deufis yn ddiweddarach.

uned gelfyddydol berffaith ... mae'r geiriau'n farddoniaeth bur

Recordiwyd y ddwy gân wreiddiol Gymraeg, 'Tryweryn' a 'Ble Mae'r Bore?', ynghyd ag 'Yr Eryr a'r Golomen' ac 'Ond dof yn ôl' – yr olaf yn berffaith rhwng gitâr acwstig a llais. Cyfieithiad Gwynfryn o un o ganeuon Rose Cottage, 'Love Owed' (a ymddangosodd ar *Outlander* ym 1970), yw 'Ond dof yn ôl', yn cynnwys ei linellau hardd sy'n pegynnu rhwng haul a glaw. Rhyddhawyd yr EP cyntaf yma ym mis Awst 1968, felly, ac mae yna gyfrolau i'w hadrodd yn ymatebion adolygwyr y cyfnod. Nododd *Y Cymro*, er enghraifft, wrth wrando ar 'Yr Eryr a'r Golomen': "Nid yw hon yn eich taro â melyster ... yn wir, argraff anffafriol a gefais i ohoni ar fy ngwrandawiad cyntaf a doedd gennyf fawr o awydd gwrando arni byth wedyn." Clywodd eraill, sut bynnag, ddwyster a gollwyd ar adolygydd *Y Cymro*. Sylwyd yn y cylchgrawn *Hamdden* ar sut yr oedd pob un o ganeuon Meic:

yn uned gelfyddydol berffaith, yn gerdd – yn datblygu'n ofalus ac yn cloi'n gywrain a'r darnau offerynnol yn rhan hanfodol o'r uned; mae'r cyfeiliant gitâr yn rhagori fil o weithiau ar yr hyn a glywir ar y rhelyw o recordiau Cymraeg ... ac mae'r geiriau'n farddoniaeth bur.

Roedd y canu melys y dyheai adolygydd *Y Cymro* amdano yn 'Yr Eryr a'r Golomen' ymhell o fwriad Meic, a hon sydd wedi goroesi'n anad un fel cân brotest gryfaf y Gymraeg.

Roedd y gorwelion yn parhau i ledaenu. Ffurfiodd Meic y band roc The Buzz yn Solfa ym 1967–8, a golygu tapiau demo i'w chwarae i Apple y Beatles ar Baker Street. Chwaraeodd gitâr mewn band clwb nos gydag Alex Harvey yn Leicester Square, a chael ei gyflogi gan label annibynnol Marmalade (is-gwmni Polydor Records) wrth i roc seicedelig ddisodli R&B yng nghlustiau'r genhedlaeth nesaf. A bodiodd y ffordd hir a throellog tua'r pafiliwn yng Nghorwen i ganu mewn nosweithiau llawen (yn chwarae hen gitâr a ddrylliwyd unwaith gan Pete Townshend, ond a adferwyd i'w hen ogoniant gan y 'Dewsland Rake', sef wncwl Sydney Davies, fu'n saer yn eglwys gadeiriol Tyddewi). Blwyddyn y pinaclau pop oedd 1968 yng Nghymru, ac yn y Drenewydd ar gyfer "un o'r cyngherddau 'na lle roedd tua deuddeg o acts gwahanol yn canu – Hogia Rhywbeth a Hogia Bryn Sultana a phob math o bobl" – y cyfarfu Meic am y tro cyntaf â Heather Jones a Geraint Jarman. Fe wnaethon nhw ei weld e cyn iddo ef eu gweld nhw, yn crwydro strydoedd gwag tref sych ar y Sul, ar ei ben ei hun:

I recognise him.
That's Meic Stevens that is.
He's famous.

Doedd neb arall o gwmpas, dim ond Meic yn ei het ddu, clogyn du, sbectol dywyll, trowsus du, bŵts du a chês gitâr du. Yn ddu o'i gorun i'w sawdl. "My God!" ebychodd Dad. "Look at him there! He looks like a bat out of hell!" "No it's alright," meddai Geraint. "I recognise him. That's Meic Stevens that is. He's famous."

Cyflwynodd Meic ei hun i'r gwersyllwyr diniwed o Gaerdydd yn hwyrach yn y dydd:

Roedd Geraint yn yr ysgol o hyd a dwedodd taw bardd oedd e am fod. Roedd Heather yn fyfyrwraig ar ei blwyddyn gynta yng Ngholeg Caerllion yn astudio i fynd yn athrawes. Ro'n i'n eu hoffi nhw a'u brwdfrydedd ifanc, ac fe rois i wahoddiad iddyn nhw ddod i aros 'da ni yn Rose Cottage.

Roedd Meic gam ar y blaen, mae'n amlwg, wrth wahodd Jarman. "You must come down to Solva one day and help me out. I'm writing a pop opera called *Etifeddiaeth Drwy'r Mwg*. Yeah, come down … and help me finish this pop opera." Ym mrwdfrydedd heintus rhyddid yr haf, ymgnawdolwyd y drindod yma yn jôc fawr y Bara 'Menyn – "dwi'n rhoi'i bai ar hiwmor, gwin, tamed bach o fwg drwg, ac awyr Solfa". Erbyn i nudden y nos glirio, roedd caneuon cyntaf y Bara 'Menyn wedi'u hysgrifennu. Ffilmiwyd rhaglen i deledu Harlech ymhen wythnos, a phrysurodd Dennis Rees eto i drefnu recordio'r grŵp newydd ar gyfer Dryw a rhyddhau'r EP cyntaf "yn boeth o'r popty" (EP yn cynnwys 'Rhywbeth Gwell i Ddod', sef un o ganeuon *Etifeddiaeth Drwy'r Mwg*) – ond "aeth y jôc o chwith oherwydd roedd pobl yn sgrifennu ac yn ffonio am y Bara 'Menyn yn fwy nag amdana i a Heather ar ein pennau ein hunain!" Esgorodd hyn oll ar argyfwng dirfodol:

Caerforiog 1968

"Be am fy marddoniaeth i?" llefodd Geraint.
"Be am 'yn ymosodiad i ar Joan Baez?" nadodd Heather.
"Be ffwc yw'r ots?!" meddwn inne.

Bu'r Bara 'Menyn yn waddod ar hyd y degawdau – yn lleisio cefndir Heather, er enghraifft, i aeddfedu'r caneuon cynnar erbyn 1979 – ac os barnodd Jarman fod y Bara 'Menyn wedi "rhoi cyfle i swrealaeth Meic", prin y gallem wrthod tystiolaeth Heather:

Bron cyn gynted ag y camodd Meic ar y llwyfan fe ddechreuodd e chwerthin ... fel dyn gwallgo, tra oedd Geraint a minnau wrth ei ymyl yn ceisio ymddwyn fel pe bai dim o'i le ... ac yn y diwedd fe chwarddodd mor galed fel y bu iddo golli ei falans a llithro'n un swp ar y llawr, a fan'no'r arhosodd e, yn gorwedd ar ei gefn yn ceisio chwarae'r gitâr, ac yn dal i chwerthin a chwerthin!

25

[Bara menyn]

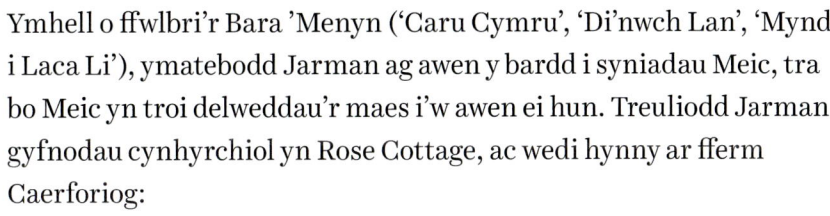

Ymhell o ffwlbri'r Bara 'Menyn ('Caru Cymru', 'Di'nwch Lan', 'Mynd i Laca Li'), ymatebodd Jarman ag awen y bardd i syniadau Meic, tra bo Meic yn troi delweddau'r maes i'w awen ei hun. Treuliodd Jarman gyfnodau cynhyrchiol yn Rose Cottage, ac wedi hynny ar fferm Caerforiog:

yn dawel ac yn dangnefeddus, 'da golygfa hardd lawr dyffryn Solfa ... roedd hefyd yn lle gwyllt iawn, heb ei drin erioed, na phobol erioed wedi byw ynddo fe – dim ond adar ac anifeiliaid gwyllt a da'n pori.

Roedd cyfieithiadau ymhlith y cyweithiau – yn eu plith, 'Nid yfi yw'r un i ofyn pam', cyfieithiad o 'It ain't for me to ask the reason why', un o ganeuon Manceinion 1965 – a'r haf hwnnw, ysgrifennodd Jarman ei gerdd 'Caerforiog'. Gwyntyllwyd holl ddiffygion canu cyfoes Cymraeg – diffyg caneuon, safon, proffesiynoldeb a chyfeiriad, gyda "phob math o bobl yn gwneud recordiau am gymaint oedden nhw'n caru Cymru ac roedd y peth yn jôc ... roedd e wedi mynd yn arwynebol ... ond fe sgrifennwyd 'Caru Cymru' ac roedd pobl yn meddwl ein bod ni o ddifrif!" Nid oedd cyd-gyfansoddi gyda Meic yn rhwydd i Jarman ar y dechrau, "oherwydd roedd syniadau cryf 'da fe am y melodi a doedd e byth yn datgelu beth oedd y melodi tan y funud olaf ... felly roedd y cyfraniad roeddwn i'n ei roi yn anodd". Yn lle aros am yr alaw, trawyd ar drefn ymarferol gyda Jarman yn rhoi geiriau i Meic, ac yntau'n mynd ati i weithio cân o'u cwmpas. Cywaith mawr y cyfnod oedd *Etifeddiaeth Drwy'r Mwg* (neu 'Einioes drwy'r mwg' yn wreiddiol), y prosiect comisiwn gan deledu Harlech a ddilynai stori'r gweithiwr dur yn dianc rhag y gweithfeydd diwydiannol i lonyddwch y maes ac Ogof Arthur, yn rhedeg o'r strydoedd llwyd i'r mynydd a'r tir glas. Trodd Jarman yn ymwelydd cyson â Chaerforiog, "roedd e'n dod lawr i sgrifennu 'da fi. Roedden ni'n dod ymlaen fel tân gwyllt, 'chan. Roedden ni'n gallu sgrifennu tua tair cân mewn prynhawn." Hwn oedd cyfnod prentisiaeth Jarman wrth gyd-gyfansoddi – 'Oes Rhywun Yna?' yw un o ganeuon y cyfnod, cân a recordiwyd yn y pen draw gan Meic yn 2007, ac a oedd ym marn Jarman ymhlith y "gorau nes i sgwennu tra'r oeddwn i'n gwneud fy mhrentisiaeth hefo Meic" (fe wnaeth y bardd o Gaerdydd recordio 'Mae'n Rhaid Dihuno Cariad', â geiriad yn amrywio ychydig ar fersiwn Meic, yn 2016). Mae'r bedair gân a ryddhawyd ar yr EP *Mwg* ym mis Tachwedd 1969 yn rhagorol (dwy gân arall o *Etifeddiaeth Drwy'r Mwg* sydd ar y record sengl *Nid oes un gwydr ffenestr* yn ogystal, a ryddhawyd yn Awst 1970). Gitâr Meic a'r llais yw'r unig offerynnau, gyda'r brif gân wedi'i hogi ar ddeuddeg durdant, yng ngeiriau Merêd, "yn dod â gloywder sain, amrywiaeth dilyniant a byseddu ... yn peri i ddyn foeli'i glustiau yn y fan a'r lle".

Gyriant psych-folk sydd i brif gân yr EP, sef 'Mwg' – yn wahanol iawn i'r fersiwn hardd ar *Caneuon Cynnar* (1979), neu hyd yn oed fersiwn y grŵp Melys (2003) – tra bo 'Myfi yw'r Dechreuad' yn llafar ysgrythurol ychydig flynyddoedd cyn i Meic ganu adnodau'r Hen Destament yn 'Galarnad' (1972). Mae'r ail offeryn, sef llais amrwd 1969, yn cydio mewn geiriau gerfydd eu gwar gan gyfuno "craster grymus a thynerwch rhyfedd":

Roedd ei frawddegu yn dra gwahanol i'r cyffredin ac yn gwrthdaro'n ffyrnig ar brydiau â rheoleidd-dra y cyfeiliant ... Nid ei fod yn ymboeni ynglŷn â rheolau gramadeg ond fe ŵyr yn ddigamsyniol sut i ddefnyddio iaith er mwyn cyffwrdd i'r byw, ar brydiau, â'i wrandawyr.

Os ydy gwyriadau iaith Meic yn "ail-ddiffinio rheolau gramadeg yr iaith Gymraeg", mae'r treiglo'n troi ar fydr y canu. Aeth y synnwyr ar goll o dro i dro, a chlywn hefyd hen ffurfiau a chystrawennau llafar – "llyswaden wen fel arian" ym 1968, a safonwyd heb golli'r odl ym 1979. Cydnabod dilysrwydd hyn oll wnaeth Jarman mewn cerdd i feirdd ifanc ym 1970: "Ysgrifennwch fel y mynnoch / mewn unrhyw ddull a ddymunoch / mae gormod o waed wedi llifo dan y bont / i ni fynd 'mlaen dan gredu / mai un ffordd yn unig sy'n gywir." Ac yn ymchwydd y dwyster ysgrythurol, mae adlais iaith goeth yr hen orgraff – boed yng nghwynfan Seion, neu adlais feiblaidd darogan y Bara 'Menyn: "Rydyn ni ar drothwy dadeni ysbryd gyflawn. 'Plant y Dadeni Cymraeg' ydyn ni i gyd."

Plentyn y dadeni oedd Meic erbyn ail hanner y 1960au. Ers cyn ffurfio'r Bara 'Menyn, roedd ar don gyda cherddorion medrus a amlygwyd wrth i'r cwmnïau recordio mawr yn Llundain sefydlu is-gwmnïau lled annibynnol yn gyfryngau roc seicedelic ar ei brifiant. Ymhlith yr enwau canolog i gymaint a ddatblygodd yn gerddorol yn ystod y degawd hwnnw oedd sefydlydd Marmalade Records, Giorgio Gomelsky (fu'n hyrwyddo ym Mhrydain gerddoriaeth R&B o'r Unol Daleithiau, ac a fu ynghlwm â rheolaeth a chynhyrchu'r Rolling Stones cynnar, ac yna'r Yardbirds). Roedd gogwydd tua'r celfyddydau cain yn estheteg gerddorol pop seicedelic Marmalade – yn benodol gyda grŵp y Blossom Toes a ffurfiwyd gan y gitarydd Brian Godding o Drefynwy. Yn chwarae'r drwms i'r Blossom Toes ym 1967 oedd Kevin Westlake, Gwyddel yn byw yn Hwlffordd a chwaraeodd gyda Meic yn ei gig talu cyntaf (yn y Trewern Arms, Nanhyfer, pentref yr "ywen gnotiog"). Anogwyd Meic gan Westlake i ymuno yn y sŵn yn Llundain, a symud i mewn i'r tŷ a oedd wedi'i rentu ar gyfer cerddorion Marmalade yn Holmead Road, Fulham. Roedd y lle yn llawn cerddorion dawnus, ac yn eu plith y canwr Gary Farr (mab i'r 'Tonypandy Terror', y bocsiwr Tommy Farr), gynt o'r T-Bones. Roedd Farr yn gweithio ar ganeuon i'w record hir gyntaf ei hun, *Take Something With You*, a recordiwyd ddiwedd 1968, a chlywodd rhywbeth arbennig yn arddull gitâr Meic: "bydden ni'n treulio orie'n iste'n goesgroes ar lawr yn llunio trefnianne ar y gitare". Roedd y cyfan yn addysg, yn gynhyrchiol ac yn greadigol. Yn Holmead Road y flwyddyn honno, ysgrifennodd Meic y gân 'I don't understand at all' – trodd hon ddegawd yn ddiweddarach yn 'Mae'r Nos Wedi Dod i Ben' ar y record hir *Gôg* (1977). Roedd yn addysg dechnegol hefyd, o dreulio cymaint o amser mewn sefyllfa recordio broffesiynol, a'r sesiynau'n cychwyn yn stiwdio Polydor ar Oxford Street:

*Estyniad oedd y sesiyne o weithgaredde'r stafell fyw yn Holmead
Road. Gwin, cwrw, mwg drwg du o Nepal, a'r gerddoriaeth yn llifo'n
ddiymdrech. Doeddwn i rioed wedi chware 'da chystal cerddorion
o'r blaen, a dyma lle dylai cerddoriaeth fodern fynd yn naturiol ...
Roedden ni'n chware trefnianne campus o alawon gwych 'da geirie
deallus ac ystyrlon ... a'r cwbl yn cael ei chware gydag ysbryd anturus.*

Oherwydd ei ymrwymiadau i'r Bara 'Menyn nôl yng Nghymru, collodd
Meic rhai o'r sesiynau recordio gyda Farr, ond sŵn ei gitâr flaen ef sydd
i'w glywed ar dros hanner caneuon *Take Something With You*. Bu'n
chwarae'n fyw gyda Farr yn rheolaidd, gan gynnwys ymddangosiad
o flaen 150,000 o bobl ar ddiwedd Awst 1969 yn ail ŵyl gerddoriaeth
Ynys Wyth (sef blwyddyn ymddangosiad Dylan yno, blwyddyn cyn
ymddangosiadau chwedlonol Jimi Hendrix a Leonard Cohen). Ond
rhwng dadfeiliad Holmead Road i gyffuriau a'r dyhead i ymroi eto i
Solfa, gadawodd Meic "yr hwren fawr" Llundain ar ganol sesiynau
ymarfer ar gyfer record hir nesaf Farr, sef *Strange Fruit* (cymerwyd
ei le ar y gitâr flaen gan Richard Thompson o Fairport Convention).
Byddai Farr yn ei dro yn ymwelydd â Chaerforiog, ac yno y tynnwyd llun
clawr *Strange Fruit*; yno hefyd yr ysgrifennodd Farr ei gân 'In the Mud'
a ryddhawyd ar yr albwm ym 1970 – "lan i'n penglinie / mewn mwd
afon / ar brynhawn / crasboeth / o haf" yng ngeiriau Jarman – neu, yng
ngeiriau Meic, "I got my face in space feet in the mud".

Cyn ei throi hi am y gorllewin, gwahoddwyd Meic gan Ian
Samwell, cynhyrchydd staff gyda chwmni Warner Brothers, i recordio
demos o'i ganeuon ei hun. I stiwdio Central Sound ar Denmark Street,
Soho, felly, cyn paratoi ar gyfer taith gyda Chyngor Celfyddydau
Cymru yn rhan o ensemble arbrofol y cerddor clasurol Indiaidd
John Mayer, y sacsoffonydd jazz alto Joe Herriott a'r ffliwtydd Chris
Taylor, yn chwarae gyda'i gilydd o dan yr enw Indo Jazz Fusions.
Clywn ar rai o'r recordiadau a wnaeth Meic ei hun tua diwedd 1969
– yr EP *Mwg* yn hydref y flwyddyn honno, a'r gân 'Rhyddid Ffug' o'r
un sesiynau a ryddhawyd ar yr EP *Y Brawd Houdini* (1970) – seiniau

arbrofol a ffurfiau cerddorol Hindustani a raga yn arddull y gitâr
(arddull mor ymosodol erbyn diwedd 'Rhyddid Ffug' nes bod angen
ail-diwniad difrifol ar yr offeryn). Yna, fe dalodd demos Samwell ar
eu canfed pan ddaeth galwad ffôn o swyddfa Ian Ralfini, pennaeth
Warner Brothers yn Ewrop, yn cynnig cytundeb pum mlynedd i Meic
ag addewid amodol i recordio un record hir bob blwyddyn. Yn cyd-
ddigwydd â hyn oll, roedd Tessa yn disgwyl ail blentyn, sef Bethan, a
anwyd ym 1970. Eto i Lundain, felly, gyda Samwell fel cynhyrchydd
yn trefnu cerddorion (aelodau grŵp roc seicedelic y Ferris Wheel,
a Bernie Holland o Ystradgynlais yn chwarae'r gitâr) ar gyfer mis
Medi yn Central Sound, a'r sesiynau ymarfer cyntaf pan recordiwyd
trac sain i'r gân 'The Great Houdini' – sef y trac sain a ddefnyddiwyd
ar gyfer y fersiwn Gymraeg ar yr EP (gyda geiriau Jarman) – a thra
bo'r sesiynau ymarfer hyn yn mynd yn eu blaen, aed ati i ddod o hyd i
stiwdio recordio.

Bwriwyd yn gyntaf ar Olympic Studios yn Barnes, lle bu'r Stones,
Hendrix, y Beatles a Led Zeppelin eisoes yn recordio ers adleoli'r
stiwdios o'r West End ym 1966–7. Byddai'r rhestr faith a chwedlonol
o artistiaid a recordiodd ac y cynhyrchwyd eu gwaith yn Olympic yn
codi bri y stiwdio gyfuwch ag Abbey Road erbyn diwedd y 1970au.
Studio 2 oedd stiwdio Meic – sef hoff stiwdio'r bandiau roc erbyn
1969, ond nid felly i Meic mewn "hen sgubor fawr o le 'da pentyrre
Marshall ym mhobman, gwifre spaghetti a blyche llwch gorlawn".
Ychydig o amser yn unig a dreuliodd yn Olympic, yn bennaf gyda'r
hwyr yn gwneud ei orau i ymgynefino â'r lle. Llwyddodd i recordio
un gân, sef 'One Night Wonder', cyn i un o ryfeddodau seicedelic yr
oes ymddangos yno, deunaw mis ar ôl gadael y Pink Floyd: "Daeth
Syd Barrett lawr un noson pan o'n i ar fy mhen fy hun yno 'da gitâr
acwstig, ac ro'n i'n falch pan gyrhaeddodd Syd … mynd â'r gitâr, iste
ar lawr a dechre chwarae iddo fe'i hun." Rhwng Ebrill a Gorffennaf,
roedd Barrett wedi bod drwy'r broses arteithiol o recordio caneuon
The Madcap Laughs (1970), ei record hir gyntaf fel artist unigol, gyda
David Gilmour a Roger Waters yn cyfrannu i'r sesiynau, ac ym mis

Awst roedd ymhlith y 150,000 a fu'n gwrando ar Meic yn chwarae ar Ynys Wyth. Y noson honno yn Olympic oedd y cam cyntaf mewn ymddiriedaeth dawel rhwng y ddau. Byddai Barrett yn ymwelydd â Chaerforiog – cafodd ei dywys yno'n wreiddiol gan ddau gyfaill, Gretta Barclay a Rusty Burnhill, fel rhan o'u hymdrech nhw i'w osod nôl ar waith i gyfansoddi caneuon, "we took him to stay with a musician friend of ours in Wales" – yn nyddiau asbri'r Bara 'Menyn. Fel y cofiai Jarman:

Un bore, des i lawr i gael brecwast ac roedd dyn yn eistedd yn y gornel. Roedd e'n ddyn bach od iawn. Gwnes i ddarganfod y diwrnod wedyn mai Syd Barrett oedd e, o'r Pink Floyd ... Roedd e'n digwydd bod yn y tŷ pan sgrifennwyd 'Di'nwch Lan' a 'Mynd i Laca Li'.

pedwerydd aelod answyddogol y Bara 'Menyn, Syd Barrett

Ym myw Caerforiog, y gegin ganol oedd y man ymgynnull, ystafell gynnes a chroesawgar wrth fodd Meic:

Yn y gegin fawr fewnol roedden ni'n byw, lle roedd bord ffermdy fawr a hen gadeirie a meincie. Codes i boster anferth o Bob Dylan ar y pared ... Teils coch a brown oedd llawr y gegin, yn hawdd eu glanhau ... Fe fydden ni'n pobi bara'n hunen o flawd gwenith cyflawn yn y ffwrn Aga, ac yn gwneud cwrw a gwin cartre.

Mae un cofnod ar ffilm o'r achlysuron hyn, gyda Jarman, Meic ar y gitâr, Heather yn canu a'r poster mawr o Dylan, oll yn amlwg – a phedwerydd aelod answyddogol y Bara 'Menyn, Syd Barrett, yn eistedd yn chwarae gitâr gyda het wen ar ei ben. Atgof parhaol Meic am Syd oedd ei unigedd yn syllu i wagle, â'i lygaid fel pyllau du yn yr wybren – y disgrifiad ohono yn 'Shine On You Crazy Diamond' (1975).

"Doedd Syd ddim fel 'se fe moyn llawer mewn bywyd, dim ond bod ar ei ben ei hun 'da'i feddylie", meddai Meic, a chanodd Jarman y bardd amdano "fel petai / ar feic modur / yn edrych ar / ei adlewyrchiad / yn y drych adain / mewn braw".

Ond rhoi'r gorau i Olympic Studios wnaeth Meic, a chael gwell hwyl ar recordio yn adnoddau newydd Trident Studios, Soho – man recordio chwedlonol y genhedlaeth nesaf o artistiaid, o David Bowie i Genesis, o Lou Reed i Queen. Boddhawyd awydd Meic i arbrofi'n offerynnol wrth wahodd rhai o gerddorion yr Indo Jazz Fusions i chwarae gydag e. Gyda Mayer yn trefnu'r gerddoriaeth, llywiodd Meic rhyw fath o Indo Cymru Fusions, a rhedodd y sesiynau'n esmwyth tu hwnt. Roedd Meic wedi aeddfedu'n broffesiynol, ac roedd ganddo afael cymwys iawn ar dechnegau cynhyrchu sain. Heblaw am fewnbwn John Paul Jones yn Decca, a Samwell yn Warner Brothers, cynhyrchydd y cyfan a ryddhawyd gan Meic erbyn 1970 oedd y dyn ei hun – roedd yn gynhyrchydd hefyd ar recordiau gan artistiaid eraill, yn cynnwys 'Dŵr' Huw Jones, record gyntaf cwmni Sain ym mis Hydref 1969. Sylwodd mwy nag un adolygydd ar ei ddoniau:

Mae'r cynhyrchu yn rhagorol – gwrandewch ar y defnydd o'r siambar eco, tracio dwbl, clarinet, saxophone, a bas ... i Mike, mae gwneud record yn gelfyddyd: mae cyfansoddi a chanu cân yn artistwaith.

O'r sesiynau ymarfer a'r trefniannau hynod, cynhyrchwyd ym 1970 record hir arbennig iawn a gydblethai ragas indo-jazz â ffrwd acid folk. I'r cyfanwaith, dewisodd Meic (nid Mike mwyach, yn dilyn awgrym Samwell) y teitl *Outlander*, "achos doeddwn i ddim yn gwybod beth oeddwn i erbyn hyn ... roeddwn i wedi bod i ffwrdd yn Lloegr am sut gymaint o amser fel 'mod i'n teimlo'n alltud". Cwblhawyd y cyfan yng ngwanwyn y flwyddyn honno, a rhyddhau'r record hir ddiwedd y tymor. Er wfftio gan rai trwy'r gymhariaeth anochel â Dylan (barnai'r *Melody Maker* fod sŵn wedi dyddio i'r caneuon ar sail y gymhariaeth ddiog hon, beirniadaeth sy'n parhau er cloriannu rhinweddau mawr y gerddoriaeth), ymatebodd *Music Now* yn gadarnhaol:

Meic's voice is superb, swooping and soaring, savouring the melodies and lyrics alike. The accompaniments are excellent and feature some really intriguing sounds ... The songs could not have been better.

Roedd hyn yn ganmoliaeth ar waith sy'n dal i feddu ar wreiddioldeb mewn trefniannau'n nyddu tabla, sitar a ffliwt i wead gitâr acid folk ar y caneuon 'Yorric' a 'The Sailor and Madonna', tripiau a sgrechian 'Rowena' a 'Ghost Town', a'r tynerwch trawiadol a ddaeth ymhen amser i nodweddu Meic ar ei gryfaf yn y caneuon 'Midnight Comes' (a ysgrifennwyd yn Solfa ym 1967) a 'Love Owed'. Samwell oedd y catalydd rhwng Meic a Warner Brothers, a gyda'i ymadawiad yntau i weithio yn yr Unol Daleithiau ar ddechrau'r 1970au, *Outlander* oedd unig ffrwyth y briodas.

Fel cerddor, amrywiol fu'r ychydig flynyddoedd a ddilynodd, rhwng Solfa a Chaerdydd a theithio gweddill Cymru. Rhyddhawyd un record sengl a dwy EP yn cynnwys caneuon wedi'u recordio o gwmpas sesiynau *Outlander* yn Central Sound – yr enwocaf yw EP *Y Brawd Houdini* (1970). Hepgorwyd prif gân yr EP oddi ar *Outlander* yn ei ffurf gwreiddiol (sef 'The Great Houdini', un arall o ganeuon Rose Cottage), ond mabwysiadwyd y fersiwn Gymraeg ("surely among the most irresistible tunes ever", cân i chwythu clustiau'r gwrandawyr yn fersiwn byw y Super Furry Animals ym 1996) yn arwyddgan i'r rhaglen bop wythnosol *Disc a Dawn* – cân i "ysgwyd y llwch oddi ar silffoedd y canu neis Cymraeg". Yn ystod mis Awst, rhyddhawyd y record sengl *Nid Oes Un Gwydr Ffenestr* a'r EP arall, sef *Meic Stevens* (a gynhwysai'r gân 'Mynd i'r Bala ar y cwch banana', cyfansoddiad arall o sesiynau record hir 1972, *Gwymon*). Ganol Medi, mae'n debyg i Meic dreulio noson yn Llundain yng nghwmni Hendrix, noson olaf yr athrylith gitâr drydan ar dir y byw, ac roedd digon o arallgyfeirio adloniannol yn y cyfnod i'w gadw'n brysur. Cyfrannodd i raglen fywiog materion cyfoes ar HTV, *John Morgan at 10.30*, gyda chân amserol (ac weithiau'n rhegi) yn fyw ar y teledu'n wythnosol. Erbyn diwedd y darllediadau hyn, roedd Meic wedi ysgrifennu tua deg cân ar hugain ar gyfer y rhaglenni byw, ac "fe ges i ganiatâd HTV i wneud LP ohonyn nhw ond odd neb â diddordeb … a nawr ma' hi'n rhy hwyr". Troediodd yr estyll gyda Chwmni Theatr Cymru yn chwarae rhan Polichinelle ("y croesan claf o gariad, oedd yn addas ddigon o gofio fy sefyllfa i ar y pryd" – hynny yw, y cyfnod rhwng ei garwriaeth fer â Janet o Sir Aberteifi a aeth i ffwrdd i Rotterdam (gwrthrych absen 'Gwely Gwag'), a'r gofid a ysgwyddwyd ganddo'n deillio o gyflwr iechyd meddwl Tessa (a oedd wedi mynd â'u dau o blant i fyw gyda hi yn Rheged). Fel Polichinelle, perfformiodd ei anterliwtiau cerddorol ei hun (gan gynnwys 'Y Misoedd') yn y cyfieithiad Cymraeg o ddrama Molière, *Y Claf Diglefyd*, a fu ar daith rhwng Chwefror ac Ebrill 1971. Gwnaeth ymddangosiad ar ffilm yn yr un flwyddyn – fel crythor yn y gyfres deledu *Arthur of the Britons* (darlledwyd 1972–3) – a rhwng y cyfan, parhâi Meic i berfformio'n fyw ar hyd a lled y wlad, gan fwynhau cwmni difyr ar ei deithiau. Wrth rannu car adre o Ddinbych un bore bach gyda Hywel Gwynfryn, adroddir yr hanesyn hwn:

"*Ti'n gwbod beth hoffen i neud, Gwynfryn?*
"*Beth, Meic?*"
"*Byw yn y wlad, byw yn y wlad.*"
"*Ar dy ben dy hun?*"
"*Nage. Gyda teulu, gyda ffrindiau – byw yn y wlad.*"
"*Wyt ti'n teimlo dy fod mewn carchar yn y ddinas?*"
"*Odw, ac yn y dyfodol fy unig bleser fydd cael byw, byw yn y wlad, byw yn rhydd.*"
Siarad, dadlau, sgwennu, chwerthin, ac erbyn i ni gyrraedd Caerdydd roedd y geiriau wedi'u gorffen, a Meic wedi cyfansoddi'r alaw!

Hon oedd y gân a recordiwyd ganddo ar gyfer yr EP o'r un enw, *Byw yn y Wlad*, yn Rockfield Studios, Trefynwy, yn ystod Mehefin 1971 – stiwdio arall a ddaeth yn chwedlonol yn y brut, o Budgie a Rush i'r Stone Roses – a rhyddhawyd yr EP gyda ffanffer y mis canlynol:

beth sy'n gwneud
i epil ddechrau gwingo
ac i'w rhieni dolurus
ddechrau adweithio?

record newydd gan
Meic Stevens!

Beth sy'n gwneud i gyrff ddechrau siglo? Beth sy'n gwneud i glustiau ddechrau gwrando? Beth sy'n gwneud i dymheredd ddechrau dringo ac i bwls ddechrau rasio, i epil ddechrau gwingo ac i'w rhieni dolurus ddechrau adweithio? Record newydd gan Meic Stevens!

Cyfeiria1'r nod1adau ar gefn yr EP i lwyddiant perfformiad digymar Meic gyda Chwmni Theatr Cymru, ac ar gais cynhyrchydd *Y Claf Diglefyd*, Wilbert Lloyd Roberts, bu Meic yn gyfrifol am lwyfannu'r sioe roc gyntaf yn y Gymraeg. Cymerodd y sioe enw'r ail gân ar *Byw yn y Wlad*, sef 'Sachliain a Lludw', yn Eisteddfod Genedlaethol Bangor 1971, ac roedd yn cynnwys Heather Jones a'r grwpiau James Hogg, Y Diliau, Y Dyniadon Ynfyd Hirfelyn Tesog, a'r Tebot Piws. Aed ati eto yn Eisteddfod Genedlaethol Sir Benfro y flwyddyn ganlynol gyda'r sioe 'Gwallt yn y Gwynt', yr adleisiwyd ei henw dros ddegawd yn ddiweddarach yn y gân 'Yn y prynhawn' (1985). Haf 'Sachliain a Lludw' hefyd oedd cyfnod rhyddhau'r EP *Diolch yn Fawr* (un o ganeuon Manceinion 1964 oedd cân gynta'r EP,

sef 'Pe cawn dy gwmni di'). Ar frig y don, roedd Meic yn tannu hwyl, "ei wydrau tywyll mor gyfarwydd i chi â gwydr eich set deledu … ei apêl mor daer â'r dydd y dawnsiodd e'n llachar i lwyfan ei Noson Lawen gyntaf."

Roedd cyfraniadau Meic i raglen John Morgan yn amrywiol a difyr, ac ysgrifennwyd sawl cân a ddaeth yn fwy cyfarwydd wedi hynny. Roedd 'Coal-black Morning', fersiwn Saesneg gwreiddiol 'Cwm Llwm' oddi ar *Gôg* (1977), yn un. Felly hefyd 'Factory Girl', cân sy'n adrodd undonedd tawel a diwyd merch y ffatri a weithiai cyn galeted â'r bechgyn ond am gyflog llai ("Her life was always plain and purl") – cyfieithwyd hi fel 'Merch o'r Ffatri Wlân' (1972), "cân serch … ond dyw hi ddim yn amlwg ma' cân serch yw hi". Cofiai Meic y "tawelwch a llonyddwch … a'r merched yn gweithio'n galed" wrth iddo redeg neges yn fachgen ar ran Anti Beti, o Felinganol, Solfa, i felin Alltcafan – mae atgofion y cwm lle'r oedai'r haf yn hir yn ymhlyg ym mrethyn y gân. Ar yr un pryd, roedd Meic yn ymateb i faterion cyfoes ('The Mary Whitehouse Song') ac i newyddion rhyngwladol y cyfnod (ar Ŵyl Ddewi 1972, er enghraifft, y dedfrydwyd Timothy Davey yn bedair-ar-ddeg oed i garchar, yntau'n wrthrych i'r gân a ysgrifennwyd gan Meic yng Nghaerdydd ganol y 1970au, ond na chafodd ei recordio nes 1987). Cyfnod cynhyrchiol ac arbrofol oedd hwn wrth iddo gyfansoddi mewn un iaith a chyfieithu i'r llall, neu wrth ysgrifennu caneuon ar gomisiwn i'w canu ar deledu (un o'r rhain oedd 'Mynd i Weld y Byd', yn wreiddiol ar gyfer *Disc a Dawn* ym 1969). Roedd digon o "lol", chwedl y canwr, a chaneuon sionc i hybu'r Gymraeg ymhlith plant meithrin – 'Diolch yn Fawr', anthem Eisteddfod Genedlaethol Rhydaman ym 1970, neu 'Canu Gyda'r Plant' i ddathlu Gŵyl Ddewi yn ei fro mebyd – ac, yn wreiddiol, roedd 'Noson Oer Nadolig' (1985) yn gân ar gyfer *Miri Mawr* 1972–3. Erbyn 1972, roedd gan Meic ddigon o ganeuon amrywiol ar gyfer record hir.

I still had access to Warners' demo studios in London ... I booked two days early that summer, one for recording and one for mixing. I didn't have a band, so I asked Pete Swales, a mate of mine from Wales who was helping to run the Stones' office in Maddox Street, if he could get Bill Wyman and Charlie Watts to play on the sessions. "They'd be there like a shot," he said, "but they're on tour."

Trefnwyd amser yn absenoldeb drwm a bâs y Stones, felly, yn Central Sound gydag adran rhythm Paul Martinez a Graham Smith, a recordiwyd yr holl ganeuon ar gyfer record hir dros ddeuddydd yn ystod mis Mehefin. Mae *Gwymon*, y record hir a ddaeth allan o Central Sound, yn agor ac yn cau yn hwyliog; mae'n rhychwantu hwyl a sbri, tynerwch, dwyster ysgrythurol, a gwreiddioldeb anghyffredin.

Dywedodd Bet, mam Meic, wrtho unwaith "taw amser y rhyfel oedd cyfnod hapusa'i bywyd hi", er gwaetha dolur colledion ei deulu i ryfel, colled sydd i'w chlywed ar *Gwymon* yn y gân 'Daeth neb yn ôl'. Coffâd yw hi i James Erskine, y llystad a'r morwr a briododd ei fam ond na chafodd Meic erioed mo'i adnabod. Mae'n gân i'w chymharu â 'Cân Walter', sy'n adrodd hanes colli brawd Bet ym 1940 pan suddwyd y llong danfor Tarpon, a chur y golled mor ddwfn â cholli tad naturiol Meic a dyweddi ei fam, yr awyrennwr Gerald Wright, mewn tân awyren ryfel ym 1941 (mae mydr 'Where is he now?' yn myfyrio ar y sawl a gollwyd, yn rhwym yn edafedd amser). Collwyd y llystad Erskine fis

yn unig cyn geni Meic ym 1942, pan suddwyd y llong fasnach Adellen, ac adrodd hanes a adroddwyd iddo yntau wnaeth Meic yn 'Daeth neb yn ôl'. Mae i'r gân dyner hon gyfandod amlwg – gymaint felly nes i Meic ei chynnig i gystadleuaeth *Cân i Gymru* (ond yn aflwyddiannus, fel y bu pob ymgais cystadleuol ganddo, o 'Song of Sadness' i 'Troi y Cylchau' – yr olaf yn gân sy'n rhith-adrodd llofruddiaeth Elinor Wyn Roberts ym 1989). Mae'r môr, y rhythmau a'r heli fu'n gefnlen i'w fagwraeth i'w clywed ar *Gwymon*, cr mai dincsig (Caerdydd a Llundain) oedd ei clîreu – yn enw'r albwm ac yn ei harlunwaith (gan Meic), wrth gwrs, ond yn eithriadol yn y caneuon 'Daeth neb yn ôl' a 'Traeth Anobaith'. Mae geiriau a delweddau'r olaf o'r ddwy yma yn canu llanw a thrai y blynyddoedd. Ysgrifennwyd 'Traeth Anobaith' ar y cyd ag Endaf Emlyn, yr oedd Meic wedi cyweithio rhywfaint ag ef ers diwedd y 1960au (recordiodd y Bara 'Menyn un o ganeuon gwreiddiol Emlyn a Gwynfryn, sef 'Yfo', ar yr EP *Rhagor o'r Bara 'Menyn* ym 1969), ac, ar gyfer prosiect byrhoedlog i HTV, rhoddwyd y ddau ohonynt i chwarae gitârs acwstig gyda'i gilydd a chanu'n bedwar llais yng nghwmni Heather Jones a Meleri Mair. 'Traeth Anobaith', sy'n dyddio o Gaerdydd 1970–1, oedd yr unig gân iddynt ei hysgrifennu a'i chanu fel grŵp, â sain y tiwnio D Agored ar y gitâr yn nodwedd o fewn cyfanwaith *Gwymon*. Mae delweddaeth y môr, y traeth a'r wennol, a'r graean a'r gro yn byrlymu drwyddi.

Cân hynotaf *Gwymon* yw 'Galarnad', yn traethu ysgrythur ddwys yn wyneb y dirywiad diwylliannol cyfoes y tyfodd Meic yn ymwybodol ohono wedi iddo ddychwelyd i Gymru o Fanceinion. Rhwng y gitâr a'r allweddell ("originally written for a religious programme on HTV ... I can't remember now who's playing organ on it"), mae seiliau rhythmig y tannau'n gyrru adlais cyntefig byrdwn gwleidyddol – "a demo tape very roughly put together, but I thought so much of it ... it was too rare a comment to omit from the album". Yn hyn o beth, mae hon yn ail gân anuniongyrchol wleidyddol ar *Gwymon* i ddilyn 'Brenin y Nos', cân sydd yn ei thro yn "ymwneud â'r dylanwad Seisnig ar Gymru". Deallwyd mai cân wleidyddol oedd 'Brenin y Nos' wrth ei disgrifio felly mewn cyfweliad ym 1974, gyda'r ddrychiolaeth yn Llanwynno "a'i mynwent fawr a'i thorf aruthrol o feirwon" yn ymgnawdoliad o'r Seisnigeiddio yng Nghymru. Ym mêr y gân, mae her inni fod yn wych. Gyriant caled *Gwymon*, yn y cyfamser, yw 'Gwely Gwag' a felan bywyd y bluesmen. Dyma'r gân felan gyntaf i Meic ei hysgrifennu yn Gymraeg, "cân blues 'wy'n ganu'n 'itha ysgafn ond ma' mwy o ddyfnder ynddi nag ma' neb yn feddwl. Ond fel'na ma'r blues ... caneuon cwbwl syml ond ma' nhw'n cuddio llawer iawn o deimlad." Byddai'n ddegawd arall cyn iddo fentro eto gyda'r felan yn Gymraeg, yn canu 'Lawr ar y gwaelod' (1983), ac o dan yr wyneb mae cymhlethdod i'w glywed mewn ffurf sydd weithiau'n amrwd, wastad yn ddidwyll,

singing in Welsh as a citizen of the United Kingdom is an explicit act of politics

ac yn dinoethi'r canwr – "nid rhywun yn ei neud e fel jôc i ddangos bod hi'n bosib ei neud e'n Gymraeg", ond rhywun yn datgan â bwriad gwleidyddol gyfoesedd a pherthnasedd a pharhad ei iaith. Eilio hyn wnaeth Johan Kugelberg ym 1997, pan nododd fyrdwn gwleidyddol sy'n gwbl hysbys er hawdd ei anghofio, "singing in Welsh as a citizen of the United Kingdom is like singing in Basque in Spain or singing in Cherokee in the US ... an explicit act of politics, personal as well as popular". Ac yna o'r felan i fil, a chân y creadur 'Carangarŵ' sy'n llai cynnyrch sŵ swrealaidd Meic (chwedl Jarman) nag effaith gormodedd noson labyddiedig yng nghwmni Gary Farr, "written in a London taxicab while stoned", cyn gorffen gyda'r un eliffant y bu Sabu yn ei farchogaeth yn 'Shw' mae? Shw' mae?'. I gloi *Gwymon*, felly, dyma'r eliffant sy'n cofio popeth, un arall o ganeuon Caerforiog, yn distewi gyda llif persain Pete Swales o swyddfa'r Stones.

Rhyddhawyd *Gwymon* ym mis Medi 1972, cyfnod cynhyrchiol wrth i Meic gyfrannu'n wythnosol at raglen John Morgan. Ym 1973, cychwynnodd y gyfres *Nails* ar HTV yn adolygu'r celfyddydau, "universally acclaimed as the worst programme in the history of television ... we were after something raw-edged and spikey". Yn serennu ymhlith y cyfranwyr oedd y bardd John Tripp o'r Eglwys Newydd, "boisterous performance poet ... and all round funny man who crafted some seriously subversive scripts". Yn wir, dinoethwyd Meic gan Tripp unwaith mewn cyflwyniad i'r canwr fel "An open, honest, baffled man, / Wounded too, / Like a limping fox / with all his scars exposed". Gwahoddwyd Meic gan Gareth Wyn Jones, cynhyrchydd y rhaglen, i ysgrifennu marwnad i'w wncwl Syd, saer Tyddewi, a'i hadrodd yn fyw ar y teledu – 'The Dewsland Rake' oedd y farwnad. Ac eto, er y creadigrwydd, roedd bywyd aelwyd Meic yn dryllio wrth i "wehilion bohemaidd rhyngwladol ... ddod i ben eu taith yn fy nghartref yn Evansfield Road fel roedd gweddillion fy mywyd teuluol inne'n syrthio am fy mhen fel lludw". Adroddwyd fan arall yr her bersonol a wynebwyd ganddo wrth i'r flwyddyn fynd yn ei blaen, ac yn y gerdd fwydrol fydryddol 'blank endless' dogfennir y dyddiau diaddurn hyn. Dryllynnau yn unig sy'n weddill o'r gerdd – "endless is endless ... the manuscript was lost, my life has been v tough from time 2 time.x" – ac roedd y tywyllwch wedi cau. Byddai troi'n ôl at y golau yn gyfnod o ail-gydio mewn bywyd, a chychwynnodd hynny gyda llais Gwenllian Daniel yn galw ar Meic trwy dwll y clo i agor y drws.

Roedd Meredydd Evans, pennaeth adloniant ysgafn BBC Cymru, wedi gyrru Gwenllian ar neges i ofyn i Meic gyfrannu at sioe newydd, ac agorwyd y llenni gan bwyll nes canfod un bore disglair "gyda haul digon i'ch dallu chi'n dod drwy ffenestri'r stafell wely, a merch ddierth yn cysgu'n sownd wrth fy ochor i. Es i lawr i wneud coffi. Gwenllian oedd y ferch yn y gwely." Roedd hi'n ddiwedd gwanwyn 1974 erbyn hyn – tair blynedd ers rhyddhau'r record hir offerynnol *Renaissance de la Harpe Celtique* Alan Stivell, a gyfunai gerddoriaeth werin draddodiadol a cherddoriaeth roc gyfoes, dwy flynedd ers llwyddiant ysgubol Stivell, "the guy that everyone should bend the knee to", yn theatr Olympia, Paris. Gyda golau melyn o'r de yn llenwi'r tŷ, cychwynnodd y bennod nesa gydag adroddiad yn y *Western Mail*: "Meic ... is moving to Rennes, in Brittany, and will be taking part in Breton and French language festivals and concerts ... Brittany is the centre for a French revival in folk music". Roedd teithio i Lydaw yn rhannol ganlyniad i anogaeth Anaig Gwernig, a gyfarfu â Meic yn Llundain – roedd Anaig yn ferch i'r bardd Llydewig-Americanaidd Youenn Gwernig, a gyfieithodd ei gerddi ganol y 1960au i'w gyfaill Jack Kerouac, ac a fyddai ymhen dim mewn cydgyfeddach â Meic yng nghymunedau gwledig Plouie (Plouyé) a Locmaria-Berrien – ac i gynnig yr hyrwyddwr cerddoriaeth Hervé de Bélizal yn Roazhon (Rennes), prifddinas a chanolfan weinyddol Llydaw gyda'r Parlement de Bretagne hanesyddol, i'w reoli yn Ffrainc ar gorn *Gwymon*.

Perthynai'r *aristocrate humaniste* Hervé de Gouzillon de Bélizal i linach fonedd Lydewig â'i gwreiddiau'n ddwfn yn y ddeuddegfed ganrif, a thrwy gydol y 1970au roedd ganddo siop recordiau, *Disc 2000*, yn gwerthu'r gerddoriaeth eingl-americanaidd ddiweddaraf yn Roazhon. Tra bo de Bélizal yn hyrwyddo (gan gynnwys rhyddhau 'Brenin y Nos' oddi ar *Gwymon* fel record sengl ar label Musidisc (Disques Festival), Paris, ym 1974 – 'Shw' mae? Shw' mae?' oedd ar ochr B, "oh, but eet ees yeah-yeah music … vairy yeah-yeah, you know"), a gydag Anaig yn sicrhau cyfleoedd i berfformio, roedd Meic yn chwarae'n rheolaidd mewn gwyliau fest-noz. Drwy'r dyddiau braf ar 'stryd y syched', y rue de la soif, sef 'Rue St Michel' yn Roazhon, roedd rhain "yn llefydd da i fod ynddyn nhw bryd hynny ac ma' hapusrwydd y gân yn dangos pa mor hapus o'n i ar y pryd". Cafodd Meic le i aros dros yr haf gan y bardd Llydewig Gwendal Denez – Gwendal yntau'n fab i'r bardd Pêr Denez, y gŵr a ddygodd Meic a Gwenllian i guddfannau a cheginau crêpe, llaeth enwyn a cidre bouché Roazhon yr hen fyd. Pan nad oedd i ffwrdd o'r dref yn perfformio, treuliai Meic nosweithiau hwyr yn *Chez Minouche*, y bar Arabaidd dan nawdd Minouche rywiol ("roedd hi'n rhy dda i fod yn wir"), a anfarwolwyd ar gân. Yn y cyfnod yma hefyd, cyfansoddwyd 'Dic Penderyn', y gân a fyddai'n ymddangos ar record hir mudiad Adfer, *Lleisiau* (1975), ac eto ar *Nos Du, Nos Da* (1982). Yn ystod Awst, teithiodd Meic i Kemper (Quimper) i chwarae wythnos gyfan yn nhafarn Ty Michou, a chyfarfu am y tro cyntaf â'r canwr Llydewig Gweltaz ar Fur a "fu'n benna cyfrifol am fy llwyddiant fel canwr yn Llydaw". Wythnos yn ddiweddarach, teithiodd gyda'r cerddor Jakez Guyot o'r grŵp gwerin Ar Satanazet i ŵyl biniou a bombard yn nhref bysgota Douarnenez, a'i olygon allan i'r bae lle boddwyd cantref Kêr-Is (Ys) y chwedl. Ar y siwrne adref o'r ŵyl yn y car, a gyda Gwenllian a Chantal Pinault yn cyfannu hapus dyrfa, "fe lunies i'r gytgan yn 'y mhen ac fe ddechreuodd pawb ohonon ni ganu nerth 'yn penne. Ac fel'ny ddâth y gân 'Douarnenez' i fod." "Roedden ni yno am dri, pedwar mis ... canu mewn gwyliau, canu mewn cafés, tafarnau – ym mhobman". Ond wrth i'r dyddiau fyrhau â hiraeth dan ei fron am hinon haf, canodd Meic gyda'r pelydrau cynnes yn gwanychu, a throi am adre wrth i'r misoedd prysur gau.

Bu'r daith i Lydaw yn gynhyrchiol mewn mwy nag un ystyr. Rhoddodd rhyw fath o drefn ar hunaniaeth gerddorol a diwylliannol fel ei gilydd, ac "roedd gen i albwm yn fy mhen ro'n i wedi'i sgrifennu ar y ffordd yn Llydaw ... y caneuon hyn oedd fy ail record hir Gymraeg, *Gôg*". Wedi dychwelyd, aeth Meic i fyw ar Stryd Lockup, Bethesda, ag anogaeth ei awenig i beidio â rhoi'r gorau i ysgrifennu caneuon. Ymrwymodd i fywyd ar yr aelwyd gyda hi – "Gwenllian oedd y peth mawr yn fy mywyd i ar y pryd, ac ro'n i'n ei chael hi'n anodd bod ar wahân iddi." Daeth caneuon y record hir at ei gilydd, a threfnwyd gyda Huw Jones a chwmni Sain i'w recordio yn stiwdio Gwernafalau, Llandwrog, a agorwyd ym 1975. Daeth Meic o hyd i'w adran rhythm, sef Andy Boggey a Ronnie Agate, yng nghlwb criced Bethesda, a recordiwyd *Gôg* dros bum niwrnod yn ystod misoedd gaeaf 1976–7:

Ar y deuddydd cyntaf recordiwyd y traciau sylfaenol a minnau'n canu ac yn canu'r gitâr acwstig, a'r canwr gitâr fâs a'r drymiwr ... Wedyn es i ymlaen ar fy mhen fy hun i ychwanegu mwy o'r gitâr, trydan ac acwstig, weithiau'n dwbl-tracio'r llais, hefyd yn canu'r dwsmel a'r drymiau ar 'Cwm Llwm'.

Cân yn wreiddiol o Gaerdydd 1971–2 oedd 'Cwm Llwm'. Mae ei thôn lleddf yn wahanol iawn i ganeuon Llydaw – er mai wrth deithio'n ôl o Lydaw yn ystod hydref 1974 yr ysgrifennodd Meic y geiriau'n adrodd mudo ei hen ewythr o feysydd y gorllewin tuag at dai'r gwaith glo ar ddechrau'r ganrif. Ond cywair llon *Gôg* sydd mor gofiadwy, o'r cychwyn cyntaf ar 'Rue St Michel' i 'Dai Dall' (cân i gyfaill Meic, y gitarydd bâs chwe thant rhyfeddol Blind Dave Reid) hyd at y teithio gorfoleddus yn ôl i gyfeiriad 'Cwm y Pren Helyg'. Yn gwmni i wylliaid y gân honno, cawn ddelwedd y canwr ar ei deithiau yn 'Y Crwydryn a Mi'

gôg

meic stevens

(bu'r crwydryn ar dro yn gyffelybiad ar iaith – ym meddyliau Waldo Williams, er enghraifft, roedd iaith fel crwydryn nad oedd y byd yn deilwng ohono, "yn crwydro mewn anialwch a mynyddoedd a thyllau ac ogofeydd y ddaear"). Ac yn wrthgyferbyniad i'r crwydryn mall mae diweirdeb gwrthrych y gân 'Gwenllian', cân sydd â'i chynilder disgrifiadol yn fwy na' rhamantu, megis y canu serch canoloesol sy'n oedi uwchben ymarweddiad cariad y bardd a chyffelybu'n gryno ar fyd natur. Mae cyflythrennu "yr eira ar Eryri" a'r "olion yn y niwl" yn hardd ar y glust, tra bo delweddaeth caethiwed y galon a serch di-dor yn cyffroi hen eiriau'r traddodiadau gwerin – recordiwyd fersiwn gwreiddiol 'Gwenllian', sef 'She does not know I have to go', eto'n un o ganeuon Caerforiog 1968, ar gyfer y casgliad o ganeuon hanner canrif *Love Songs* (2010). 'Mae'r Nos Wedi Dod i Ben' yw'r gân olaf ar *Gôg*, wedi'i chyfansoddi'n wreiddiol yn Llundain ar ddiwedd y 1960au, ei geiriau Cymraeg yn lefain i'r gwahanu terfynol rhwng Meic a Tessa.

Fel y nos, daeth y canu hefyd i ben, a "dechreuais i wrando ar y caneuon 'ma yn dod 'nôl trwy'r loudspeaker ar ôl yr holl amser 'ma ac roeddwn i'n dychryn. Roeddwn i'n meddwl, sut bydd pobol yn ymateb i'r rhain?" Rhyddhawyd *Gôg* i dderbyniad cadarnhaol ym 1977, gyda chelfwaith y clawr yn cynnwys Gwenllian fel angel (a chydnabod lleol, Jim Spread fel y diafol, a'r plastrwr Dennis Slash fel yr heliwr gwreichon) wedi'i dynnu ar benwythnos gaeafol ym Mharc Meurig, Bethesda. Roedd Meic a Gwenllian erbyn hyn yn byw ar fferm Bwlch, Dolwyddelan, ac ailgydiodd Meic mewn perfformiadau llai ffurfiol na'r cyngherddau mawr. Cofrestrodd fel myfyriwr ym Mhrifysgol Bangor ar gyfer 1977–8, yn astudio llenyddiaeth Saesneg wrth droed y bardd modernaidd Tony Conran, a symud ymhen ychydig i'r bwthyn ar Ffordd y Traeth yn Harlech. Yno, bu'n mwynhau cwmni Anthony Griffiths, myfyriwr ar y pryd yn y Coleg Coch, a brodor o Fangor ac yna Aberystwyth. Roedd Griffiths yn nodedig fel gitarydd gwerin a'r felan, wedi bod yn bysgio ar draws Ewrop yn y 1960au ac yn deuawda gyda'r gitarydd Ian Strachan o'r Alban – "doedd yna'r un gitarydd ym Mhrydain y buasai'n well gen i ganu gydag ef y pryd hynny. Chwaraeon ni a chwaraeon ni ac yfon ni ac yfon ni ...". Roedd hwn yn gyfnod o fyw a bod yn y gogledd, a daeth Meic i adnabod y mynyddwyr a'r dringwyr yn Llanberis a Chaernarfon, y gwŷr rhagorol hynny – alltudion, herwyr a chardotwyr bob un – na fedrai beidio eu hedmygu, na'u coffáu ar gân:

Yn ddiawled, yn gelwyddgwn, yn gafflwyr, yn lladron, yn smyglwyr ... yn gnafon o'r radd flaenaf, mewn cariad dros eu pennau a'u clustiau â'r uchelfannau, y peryg, y bod yno, rhai wedi'u lladd gan fynyddoedd, eraill yn eu haddoli.

Al Harris yw'r amlycaf o blith y mynyddwyr, a chanodd Meic amdano yn 'Cegin Dawdd y Cythraul' (1982), dringwr a fyddai "hyd yn o'd yn dringo bar y Black Boy yng Nghaernarfon pan fydde fe'n yfed yno", ond a laddwyd mewn damwain car ym 1976. Mae coffâd i'r dringwyr hefyd yng ngeiriau Cymraeg Meic i'r gân 'Ar y Mynydd' (1987) (y gân Saesneg o'r enw 'Up on the Mountain' yn wreiddiol, wedi'i hysgrifennu gan gyfaill, y cerddor gwerin Spike Woods, a'i recordio gan Meic yn sesiwn Tony Pike ym 1965) – "o'n nhw'n edrych yr un fath â phawb arall, yn edrych yn gwbl gyffredin, ond o'n nhw ddim ... y dringwyr sy'n fodlon mentro i ben y mynyddoedd i fyd goruwchnaturiol". Hudwyd Meic i'r entrychion hefyd, yn dringo ac yn cysgu yn y mynyddoedd, a chofiai'n glir drwy gaddug y cwrw:

It was a very cool night. A diamond night ... You can see the air on the mountains on a night like that. It's so clear. One o'clock in the morning and the moon is shining down and it reflects off the rocks of the mountains. A wonderful place.

O'r uchelfannau, sut bynnag, trodd Meic tua'r iseldiroedd, ac eto i Gaerdydd ym 1978 a chyfnod yn byw o fewn tafliad carreg i ddrysau ffynnon ddyfrio tafarn y Conway. Hon oedd blwyddyn 'Steddfod yn y Ddinas' a *Hen Wlad Fy Nhadau* Jarman ac, ar gyfer eisteddfod Caerdydd, comisiynwyd Meic gan Norman Florence, gweinyddwr cwmni dwyieithog ac arloesol Theatr yr Ymylon ar y pryd (a sylfaenydd

Gŵyl y Gelli ddegawd yn ddiweddarach) i ysgrifennu a chynhyrchu'r opera roc *Dic Penderyn*. Os credai Meic ei bod yn bryd iddo "gallio a gwneud rhywbeth hardd", dyna'n union a wnaeth mewn cywaith nodedig rhyngddo ef ac un o feirdd Cymraeg pwysicaf ail hanner yr ugeinfed ganrif. Roedd Rhydwen Williams wedi bod yn aelod o Gylch Cadwgan yn ystod blynyddoedd y rhyfel, yn ymroddedig i'w gred fod propaganda mewn pob barddoniaeth gyfrifol, "cyfrifoldeb yw'r gwahaniaeth rhwng bardd a baedd", ond yn argyhoeddiedig hefyd fod lle mewn barddoniaeth gyfoes, fodern a pherthnasol i blu'r gweunydd cyn gymaint â phropaganda. Yn y gyfrol *Cerddi Cadwgan* (1953), canodd:

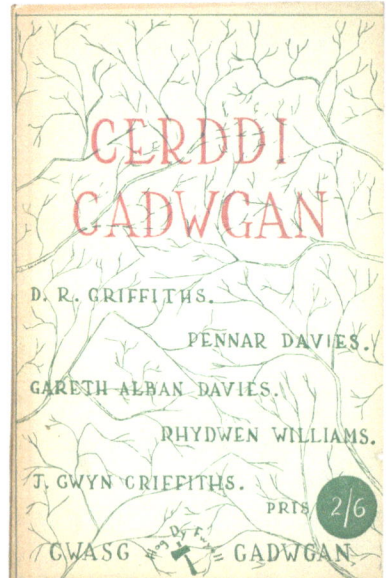

> *Hwnnw yw'r dewin dwys sy'n meiddio mydru*
> *Troeon ei yrfa fer yn folawd faith,*
> *Gan liwio'i bererindod a gweld ei bydru*
> *Yn ddim ond darn o ramant dechrau'r daith*
>
> ...
>
> *A duw ei lef fel gwylan uwch y creigiau*
> *O'i waelod di-waelod, ddihenydd drigfan dreigiau!*

Dyma eiriau sy'n fynegiant cyn-amserol o "fydru" caneuon y dewin Meic Stevens. "Rhydwen! Rhydwen yw'r boi amdani!" bloeddiodd Jarman yn y cyfamser, i gyhoeddi'r prifardd coronog (ddwywaith) ac awdur y nofel *The Angry Vineyard* (1975) yn ddewis wr ar gyfer geiriau *Dic Penderyn*. Yn *The Angry Vineyard* (a ddrafftiwyd yn wreiddiol i ymrafael â gwrthryfel Merthyr yn y Gymraeg gyda'r teitl *Camwedd*), mae cymeriad Dic Penderyn yn ddiwygiwr cymdeithasol, ac i'r nofel yn ei chyfanrwydd mae gogwydd cenedlaetholgar digamsyniol. Tystiodd digwyddiadau Merthyr 1831 i ddeffroad mewn ymwybyddiaeth torfol gwleidyddol – mewn brwydr dros gwell amodau byw a chyflog, ie, ond yn fwy na hynny dros fynegiant o oroesedd a pharhad cenedlaethol gan Dic Penderyn ei hun:

The people are without dignity in their own land ... Their language is the prattle of beggars ... If my death only destroys me, then it is a shame; but if it is the beginning of the destruction of the order that keeps my people in chains, the terrible chains of suffering and poverty and humiliation and scorn, then it is worthwhile.

Deallai Meic y byrdwn hwn, wrth gwrs, a gweithiodd ganeuon gyda'r bardd tra bo cwrw bragwyr Caerdydd yn iro'r creadigrwydd – "geiriau'r caneuon yn taro, y gerddoriaeth yn llifo a'r ddrama lwyfan yn ei sgrifennu'i hun". Ymhen tri mis, cwblhawyd y gerddoriaeth a'r geiriau i gyfannu cywaith i'w lwyfannu yn y Theatr Newydd, Caerdydd, yn ystod Awst 1978.

Fel rhan o baratoadau Theatr yr Ymylon y mis Gorffennaf hwnnw, aethpwyd ati i recordio dwy record sengl i hyrwyddo sioe *Dic Penderyn*. Trefnwyd amser yn stiwdio aml-drac Stacey Road yng Nghaerdydd, a threfnwyd hefyd gerddorion ar gyfer y recordio – rhai yr oedd Meic wedi rhannu stiwdios neu lwyfannau gyda nhw ar ddechrau'r 1970au (Roger "Noddy" Gape fu'n chwarae'r bâs ar EPs 1971, a Mair Robbins fu'n canu gyda'r Diliau yn sioe roc 'Sachliain

a Lludw' fel prif lais ar un o'r bedair cân a recordiwyd), a thriwyr doeth a ddaeth â dawn gerddorol unigryw i'r prosiect – Richard Dunn ar yr allweddellau, Arran Ahmun ar y drwms, a Tich Gwilym ar y gitâr. Roedd sgript y sioe wedi'i chwblhau, ac roedd Meic wedi recordio'r holl ganeuon ar ddau gasét oddi ar dâp rîl-i-rîl (ildiwyd y casetiau i Florence yn y pen draw, allan o rwystredigaeth Meic gyda'r llwyfannu). Yr unig fersiynau a oroesodd o ganeuon y sioe yw'r rhai ar ddwy record sengl Stacey Road (yn cynnwys 'Pe Medrwn'), oll yn gyweithiau Stevens–Williams. Bu gan Meic awydd flynyddoedd wedyn i gynhyrchu *Dic Penderyn* ar gyfer y llwyfan neu'r teledu, ond neilltuwyd y bwriad hwnnw yn 2006 er mwyn recordio *Icarws* (2007). Ar un ystyr, cynigiodd y cyfnod yn gweithio ar *Dic Penderyn* opsiynau cerddorol creadigol newydd,

Rhif 1
Caneuon Cynnar
MEIC STEVENS

gyda Heather Jones

a dychmygodd Meic bosibiliadau i greu cynhyrchiad cerddorol neu opera fodern ar ffilm yn adrodd stori'n deillio o wrthdaro diwydiannol Chwarel y Penrhyn. Llwyddodd i ddatblygu prosiect *Hirdaith a Chraith y Garreg Ddu*, a hynny i gynnwys ystod eang o arddulliau cerddorol, yn rhannol dan nawdd Ruth Price yn y BBC, gan ddefnyddio adnoddau stiwdio Stacey Road eto dros gyfnod o dri mis. Daeth hen donau jazz a chaneuon y felan i'w cydblethu â chaneuon newydd ar gyfer y ffilm, tua deuddeg cân i gyd. Ond, er cwblhau trac sain cyfan, siom fwyaf Meic unwaith yn rhagor oedd iddo ildio'r unig recordiad o'r prosiect, a "chladdwyd *Hirdaith* heb fynd fyth ymhellach ... hyd y gwn i, naill ai mae'r trac sain ar goll neu mae'n hel llwch mewn rhyw ddrôr angof rhywle yn y BBC" (wedi'i gladdu ym Mharc Llandaf erbyn hyn). Allan o brosiect y ffilm, sut bynnag, recordiwyd pedair o ganeuon *Hirdaith a Chraith y Garreg Ddu* ('Arglwydd Penrhyn', 'Cyllell Drwy'r Galon', 'Dociau Llwyd Caerdydd' a 'Storom') yn ddiweddarach ar gyfer y record hir *Gitâr yn y Twll Dan Stâr* (1983).

Ym mis Ebrill 1979, roedd Meic yn ôl yn stiwdio Stacey Road ar ei delerau ei hun, gyda chymorth buddsoddiad ariannol Edith Beryl Davies i sefydlu cwmni Recordiau Tic Toc – yn ei fflat hi ar Conway Road y byddai Meic yn ysgrifennu 'Y Paentiwr Coch' (1982), cân yn myfyrio ar ddarluniau Van Gogh, a'r gân olaf iddo ei hysgrifennu i'r BBC (eto ar gais Ruth Price). Recordiwyd albwm yn Stacey Road yng ngwanwyn 1979 i'w ryddhau ar Tic Toc, gan ddefnyddio rhai o offerynwyr *Dic Penderyn* (gydag ychwanegiad John Roberts ar y sax tenor), ac mae'r canlyniad, y record hir *Caneuon Cynnar*, yn rhagorol. Mae llais cefndir Heather Jones yn gyfraniad amheuthun – ar y caneuon 'Tryweryn' a 'Mwg' yn amlwg, ond hefyd wrth gynnil liwio 'Tyrd i lawr trwy'r ogof' a 'Nid yfi yw'r un i ofyn pam'. Trawsnewidiwyd 'Merch o'r Ffatri Wlân' gyda Richard Dunn ar y piano, a chododd 'Heddiw, Ddoe a Fory' yn afiaith gorfoleddus. Rhyddhawyd *Caneuon Cynnar* yn haf 1979, gan wireddu dyhead Meic i ailrecordio'r hen ganeuon mewn stiwdio fodern, cyn mynd ati i weithio ar ail record Tic Toc. Caneuon Saesneg fyddai arlwy'r ail record, rhai hen ganeuon

('Song of Sadness', ac o'r diwedd cafodd 'The Great Houdini' ei recordio), fersiynau o ganeuon oddi ar *Gôg*, a chaneuon newydd wrth gwrs. Jacobs Studio yn Farnham, swydd Surrey, oedd y man recordio, a'r band yn cynnwys rhai o aelodau'r Racing Cars gynt, yn chwarae erbyn hyn gyda grŵp R&B y Cadillacs ("y ffycin band roc gorau yng Nghymru a llawer o lefydd eraill"). Roedd y sax yng ngofal y cerddor sesiwn George Khan o Lundain (fu mewn band gyda Brian Godding o'r Blossom Toes ym 1973), ynghyd â John Roberts unwaith eto. Ymhlith y Cadillacs, roedd Graham Williams a Ray Ennis ar y gitârs, Tony Lambert ar yr allweddellau, Pete Hurley ar y bâs, a Dodo Wilding ar y drwms. Rhyddhawyd sesiynau Farnham ar gasét yn unig, i'w ddosbarthu yn Llydaw (1981) – cyfeirir atynt fel *The Farnham Sessions* neu *Cider Glider*, neu weithiau fel *The Green Apple Quickstep* yn dilyn awgrym Dave Reid – ac fe'u cynhwyswyd yn y pen draw ar yr albwm *Voodoo Blues* (1994). Y gân ddisgleiriaf yw 'Rock on Victor', sy'n cylchu "snow white, star black, blueful horns", cyfansoddiad o'r sesiynau wrth gofio Victor Parker a fu farw ym 1978,

snow white, star black, blueful horns

ac y cofiai Meic ei glywed yn chwarae'r gitâr yn Tiger Bay ar ddiwedd y 1950au. Mewn saib rhwng y recordio ffurfiol, gyda'r wawr yn torri, "daeth y gân fel hud o'r gwynt", meddai Meic, a Tony Lambert a Pete Hurley yn ymuno wrth ei recordio – "dwi'n cofio bron dim am wneud y gân; dyna'r tro cyntaf i mi'i chanu erioed". Fersiwn Gymraeg hon, sef 'Victor', fyddai'n agor yr albwm *Gwin a Mwg a Merched Drwg* (1987), a recordiad newydd ohoni yn Saesneg i agor yr albwm *Bywyd ac Angau* (1989). Eto, prosiect arall i fynd yn angof fyddai sesiynau Farnham – dangosodd cwmni Chrysalis ddiddordeb yn y recordiad, ond blynyddoedd y don newydd oedd dechrau'r 1980au ac egin y bandiau indie a naked funk yn gerddorol, y cyfan yn milwriaethu'n fasnachol yn erbyn trywydd cerddorol Meic.

. da.

The Farnham Sessions oedd y record hir na fu yn rystod 1981, felly, tra bo Meic yn ennill y gyntaf o'i bedair gwobr yn olynol fel canwr gorau'r flwyddyn i'r cylchgrawn cerddoriaeth *Sgrech*. Bu'n flwyddyn brudd ar dro, ond ysgrifennwyd hefyd ganeuon i'w recordio yn y pen draw ar gyfer y record hir *Nos Du, Nos Da*. Tarddai'r caneuon ar *Nos Du, Nos Da*, yr albwm a fawrygir fel campwaith werin Meic, o dri degawd gwahanol – caneuon hunan-fyfyriol a thyner, caneuon uniongyrchol wleidyddol, a chaneuon i ddathlu byw a bod. Er y byddai'r berthynas rhwng Meic a Gwenllian wedi dod i ben erbyn iddo fynd i'r stiwdio a recordio'r albwm ym mis Mawrth 1982, canodd arni'n uniongyrchol iddi hi, ac mae ei phresenoldeb yn rhan ddiamheuol o'r cyfanwaith. "Ma'r holl albwm *Nos Du, Nos Da* yn deyrnged i Gwenllian. Ond ddim yn unig ma' hi'n deyrnged i'w phresenoldeb hi, ma' Gwenllian hefyd yn rhan o'r gwaith i gyd." Eto i stiwdio Sain, felly, gyda Marc Jones ar y bâs a Graham Land ar y drwms, ac Anthony Griffiths ar y gitâr. Neilltuwyd dwy sesiwn wyth awr o hyd i recordio'r caneuon, ar un o'r adegau prin hynny pan aeth Meic i'r "stiwdio â mwy o ganeuon nag oedd eu hangen arna i". Aeth y sesiynau'n rhyfeddol, "torri pob record, y cyfan wedi'i recordio'n fyw, dim angen cymhathu, dim ond cymysgu digwafars pe gallwn i recordio dwy gân eto'r noson wedyn". Ond byddai rhaid recordio'r ddwy gân olaf heb Griffiths, a gododd bac wedi'r ail sesiwn. Heb gitarydd i gwblhau'r cyfan, digwydd cyfarfod â Gweltaz ar Fur wnaeth Meic yn nhafarn y Globe ym Mangor – roedd Gweltaz ar daith, a gydag e roedd gitarydd deunaw oed o Sant-Brieg (Saint-Brieuc) yn Llydaw, Patrice Marzin, gitarydd gorau Ffrainc ar y pryd. Cytunodd Patrice i ymuno yn y sesiynau oedd ar ôl, a'r noson honno recordiwyd y ddwy gân olaf ar gyfer yr albwm, sef 'Y Meirw Byw' a 'Capel Bronwen'. Gydag Ian Strachan yn ymuno i chwarae'r bouzouki, ar ôl cymysgu'r cyfan, gwyddai Meic ei fod wedi cyflawni "rhywbeth mor syml ac mor hardd" yn y gwanwyn cynnar hwnnw, record hir wedi'r gwahanu a fyddai'n "gaffaeliad i chwalu'r tywyllwch a'r felan a fu'n mwydro mhen i'n lân ers cyhyd".

Mae'r gân gyntaf ar *Nos Du, Nos Da*, sef 'Y Meirw Byw', yn croesholi'r cydwybod ym mlynyddoedd cyntaf yr ymgyrch losgi tai haf. Mae'n gosod gwawl cefndirol gwleidyddol ei hamser i'r albwm cyfan, sydd i'w glywed yn y modd mwyaf digyfaddawd yn y gân 'Bobby Sands'. Dechreuodd Meic ysgrifennu'r gân yma pan fu farw'r ympryddiwr gweriniaethol yng ngharchar y Maze, Long Kesh, ym mis Mai 1981. Rhan o brotest Sands oedd i hawlio statws carcharorion gwleidyddol a breintiau carcharorion rhyfel (yn hytrach na chael eu hystyried a'u trin fel troseddwyr cyffredin) i'r sawl a ddedfrydwyd yng Ngogledd Iwerddon am droseddau'n deillio o'r Trafferthion. Seiliodd Meic eiriau'r gân ar erthygl olygyddol a ddarllenodd ym mhapur newydd y *Western Mail*, "llais y Sais", yn y dyddiau wedi marwolaeth Sands, gan ddinoethi gogwydd Brydeinig y cyfryngau torfol. Dyna'r union ffaith a'i gwnaeth yn bosibl i ddarlledu 'Bobby Sands' ar y radio am y tro cyntaf, sef trwy ddadlau nad oedd yn ei geiriau nemor

ddim a oedd yn fwy gwleidyddol ymfflamychol na chynnwys erthygl wreiddiol y *Western Mail*. Mae'n gân rymus o ganlyniad, heb fytheirio i gyfeiriad y gwrandawr, ac nad yw'n "ddim byd ond geirie syml ond pan fydda i'n 'i chanu o flân pobol ma' 'na neges 'na". Mae'r caneuon oll ar *Nos Du, Nos Da* yn dal eu tir, o'r ffair yn 'Dyna'r

Ffordd i Fyw' i fynegiant tyner tad ar erchwyn gwely ei blentyn yn 'Bethan Mewn Cwsg', i dreiddio niwloedd glaswyrdd ar lannau'r Alaw yn 'Capel Bronwen'. Ond cofiadwy'n anad dim fydd y record hon am ddwy gân sy'n tystio i berthynas Meic gyda Gwenllian. Wedi iddi hi ei adael, treuliodd Meic gyfnod ansefydlog yn "hongian obutu Bangor Ucha am fod Gwenllian yn byw yno, gan obeithio y byddai'n hanner madde i fi ... roedd bod yn agos iddi yn deimlad braf ac yn fy ngwneud i'n hapus". Byddai Meic yn cysgu'i nosweithiau ar ddisberod meddw mewn bwthyn ar Sgwâr y Fron lle'r oedd myfyrwragedd yn y brifysgol yn byw. Yn eu plith oedd Sioned Dafydd, ac un noson,

dyma Sioned yn dod mewn a gweud, "Sdim byd yma heno." Finne'n ateb, "O's, ma' hon", a dal potel wag o win lan. "O", medde hi. "Dim ond gwaddod gwin." ... Sioned a fi'n towlu brawddege at 'yn gilydd odd y dechre. Wedyn fe alwodd Gwenllian gyda fi ... a gweud eto bod popeth wedi darfod. Fe wedes i wrthi am y gân odd ar waith. Ac fe berswadies i hi i aros gyda fi nes inni bennu'r gân.

Y gân oedd 'Môr o Gariad', wrth gwrs, yn delweddu'n gynnil ar ddiflanedig drai. Yn ei strwythur, cawn gân serch hynod, wedi'i lliwio'n brydferth gan Anthony Griffiths ar ôl y pontio a chyn y pennill olaf. Ac i gloi'r albwm, y gân yr enwyd y cyfanwaith ar ei hôl, sef 'Nos Du, Nos Da', llais unigedd wedi'r ymddatod – dwy gân yn gofnod ar garwriaeth a chwalfa.

Roedd 1982–7 yn flynyddoedd cynhyrchiol eithriadol, gyda Meic yn recordio a rhyddhau pedwar albwm – *Nos Du, Nos Da* (1982), *Gitâr yn y Twll Dan Stâr* (1983), *Lapis Lazuli* (1985) a *Gwin a Mwg a Merched Drwg* (1987) – ag arnynt ganeuon newydd, hen a hŷn. Cafwyd cynulliad cyntaf y Brodyr Marcs – adran rhythm Marc Williams ar y drwms a Marc Jones ar y bâs – ar record 1983, ynghyd â Meredydd Morris ar y gitâr drydan. Ymhlith eraill, cyfrannodd Siwsi Slade o Langefni at y lleisiau cefndir (Siwsi, mam Erwan, mab cyntaf Meic). Nesaf at ganeuon *Hirdaith a Chraith y Garreg Ddu*, mae *Gitâr yn y Twll Dan Stâr* yn cynnwys 'Ysbryd Solfa', cyfieithiad

Meic o'r gân sy'n tarddu o ddiwedd cyfnod Manceinion yn y 1960au
a'r symud nôl i Gymru, a dwy gân yn deillio o'i ddygymod personol â'r
gwahanu oddi wrth Gwenllian. Y gyntaf yw 'Mynd i ffwrdd fel hyn',
cân sy'n "dod 'chydig ar ôl 'Môr o Gariad' pan odd Gwen wedi mynd i
fyw i Gaernarfon yn 'i 'bwthyn dan y muriau' a finne wedi mynd i fyw
ar ben 'yn hunan i Gaerdydd a'i strydoedd oer"; a'r ail yw 'Sdim eisie
dweud ffarwél', cân fer, ddiffwdan, yn gosod clo ar garwriaeth.

Yn dilyn rhyddhau'r record, chwaraeodd Meic yn Llydaw mewn
gwyliau a chyngherddau gyda'r band, a chrwydrodd ymhellach ar
ei ben ei hun pan drefnwyd cyfres o gyngherddau yn y Ffindir (yn
Helsinki ac ar lwybrau'r Sápmi). Aeth y cynllun ar chwâl, sut bynnag,
ar ôl morio'r Baltig oer a chyrraedd Helsinki wedi rhewi'n gorn, a'r
Ffindir wedi dod i stop – ond nid ofer llwyr fu'r daith:

Ges i'r profiad anhygoel o weld yr haul yn codi dros orwel Rwsia,
a phelydrau rhyfedd o ole'n fflachio, wedi'u hadlewyrchu am
filltiroedd ar draws ehangder rhewllyd y Baltig oedd yn dalp o iâ.
Doedd e ddim bellach yn fôr ond yn gae anferth o rew oedd fel petai'n
dyrnu ac yn curo gan belydrau gwaetgoch y wawr. Weles i erioed mo'r
fath las a meddyliais am y garreg lapis lazuli ...

Ar y fordaith ym mis Chwefror 1985, "crisialodd albwm cyfan o
ganeuon newydd". Dychwelodd Meic i recordio *Lapis Lazuli* gyda'r
Cadillacs y mis canlynol, a byddai hon unwaith eto'n cynnwys caneuon
tri degawd gwahanol. Recordiwyd yr albwm ym mis Mawrth, ac mae'n
cynnwys 'Erwan', coffâd teilwng i'w gyfaill, y Llydawr digyfaddawd
Erwan Kervella, a fu farw mewn damwain car yng Ngorffennaf 1984.
Mae'r brif gân ei hun, 'Lapis Lazuli', yn suo i "rhythm y llong wrth
iddi hwylio rhwng ynysoedd bach du yn gaeth yn y rhew", a chychod
"wedi maglu yn y drych". Mae'r gân 'Lawr ar y Gwaelod', un o ganeuon
y felan yr ysgrifennodd Meic yn y stiwdio gyda'r Cadillacs, yn eistedd
yn ddedwydd "yng nghanol traddodiad pobl y blues", ac yn rhagori
gyda Tony Lambert ar yr allweddellau. Rhwng y clasuron a llinellau
croyw Meic, mae yno hefyd ganeuon ysgafn a hwyliog – 'Siwsi'n Galw'

4 Glâs fel Lapis Lazuli

Glâs fel lapis lazuli
            y mae'r môr yn rhew i gyd
Gir a araf esmwyth yn fy llaw,
Gwawr fel lapis lazuli
            eira dros y môr o hyd
Enfys ar y gorwel ochr draw
Mae dŵr y môr môr las a Lapis lazuli.
                        straight in

Glâs fel lapis lazuli,
            Fflachio yn fy llygaid i
Pel yr haul fel tân ~~mewn~~
                        trwy cwmwl bau
straight in
Gwawr fel lapis lazuli.
            Glâs fel lapis lazuli
Enfys tywyll ar y gorwel ochr draw
Mae ~~glais~~ y môr môr las a lapis lazuli
                        breaks. piano

Glâs fel lapis lazuli ~~twice~~
            Trwy'r eira gwyn nwyn gweld
Cychod wedi maglo yn y drych g tir
Glannau lapis lazuli
            Creigiau'r tir, gwyn a du
Sain y llong ~~yn torri~~
            ~~Fel~~ ~~taran~~ mellten yn ei rhych
Mae ~~glaisy~~ môr môr las a lapis lazuli

yw un ohonynt, yn demlo o'r berthynas 'Tyledd ond cynhyrrus' gyda Siwsi Slade, "byddwn i'n trio ei hosgoi yn fwriadol, ac yn mynd i gwato … ond bydde hi bob amser yn llwyddo dod o hyd i fi" (pan ddychwelodd Meic o'i daith i'r Ffindir, cafodd fod Siwsi'n gweithio ar gynhyrchiad o ddrama gan Chekhov ac "wedi syrthio mewn cariad â'r prif actor a fedyddiais i'n Iesu Grist, oherwydd ei wallt hir a'i fwng") – tra bo 'Glas yw Lliw y Gêm' yn chwythu awel deg i hwyliau Jackson C. Frank. Mae cân olaf yr albwm, sef 'Y Gair Ola', yn chwareus o'r dechrau i'r diwedd, yn ôl arfer Meic o ganu diolchiadau. Os bernid fod *Lapis Lazuli* yn un o albyms gorau Meic, yna 'Y Gair Ola' sy'n cyfannu, "roedd pob un dim ar y record wedi dod o'r galon ac yn cyd-ddigwydd ynddi".

Daeth y degawdau ynghyd am un tro arall gyda *Gwin a Mwg a Merched Drwg*, pedwerydd albwm 1982–7. Mae'n cynnwys rhai o

y @⚡#!! band roc
gorau yng Nghymru
a llawer o lefydd eraill

ganeuon cynharaf Meic (caneuon gwerin a recordiwyd yn eu Saesneg gwreiddiol yn sesiwn Tony Pike 1965, a chaneuon yn deillio o hanesion y dydd, o'r 1950au i'r 1970au). Ers *Lapis Lazuli* ym 1985, bu Meic yn parhau i chwarae yn Llydaw gyda band *Gitâr yn y Twll Dan Stâr*, a'i berthynas â Siwsi Slade heb eto ddarfod – roedd y ddau ohonynt yn byw mewn bwthyn yn Llithfaen â'u golygon yn feunydd tua'r de, "yng nghrafangau'r gaea a Bae Ceredigion yn ysbrydoledig, fawr ddim yn symud, dim ond ambell ddafad dene ar y llethre a brân o bryd i'w gilydd yn croesi'r awyr ddu". Yno y ganwyd eu mab Erwan ym mis Hydref 1986 (yn llythrennol tan gwmwl Chernobyl yn naddu'r wybren), ac mae nifer o ganeuon sesiwn nesaf Sain yn rhai dogfennol-hunangofiannol ar sawl ystyr. Gwahoddwyd y gitarydd Brian Godding i arwain band a oedd yn cynnwys Dave Barry o Gaerdydd ar y drwms; aed ag awenau'r bâs gan y "baswr creadigol" Dudley Phillips (a chwaraeodd mewn bandiau i Mark Knopfler ac Amy Winehouse yn

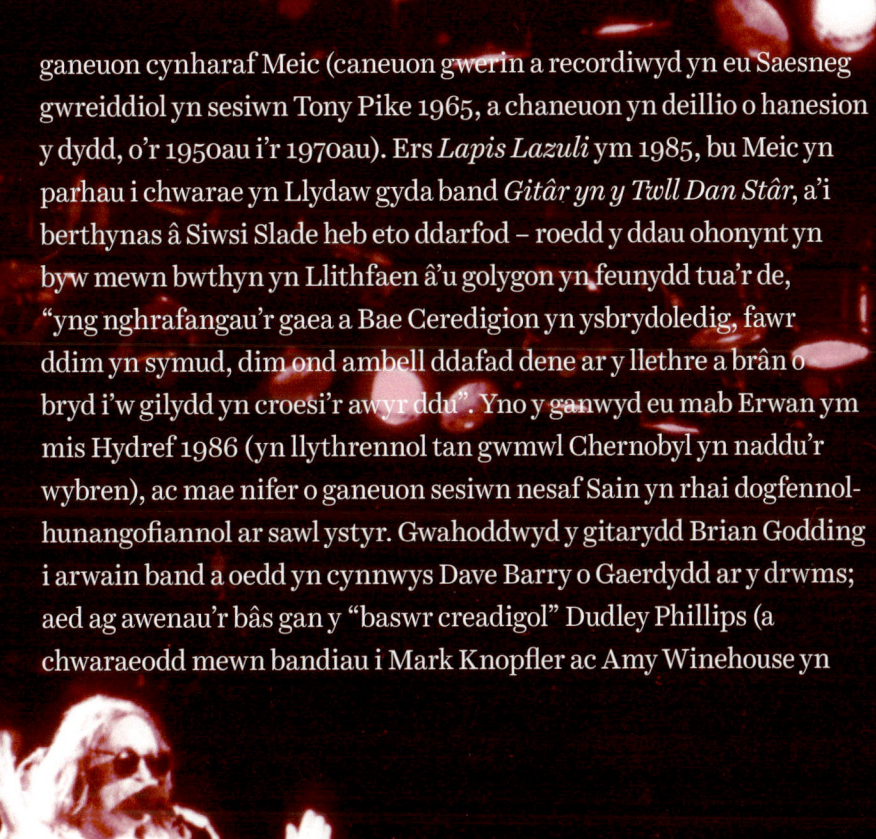

ddiweddarach); a'r allweddellau persain sy'n lliwio mor hardd 'Victor' a 'Joshua' yng ngofal Steve Franklin a Chris Senior. Mae'r hwyl yno unwaith yn rhagor, y talu gwrogaeth i Meri Jên, yr herio awdurdod (ac ymchwydd gitâr drydan Godding yn y gân 'Timothy Davey'), fersiwn Gymraeg 'Victor' o sesiynau Farnham, a'r caneuon sy'n deillio o gof diniweidrwydd ('Joshua', cân i blant, sy'n coffáu Joshua Slocum, y morwr cyntaf i hwylio o gwmpas y byd ar ei ben ei hun yn ei gwch *Spray* (sef 'Y Tawch'), ac y cofiai Meic ei hanes o'i blentyndod yn yr hunangofiant *Sailing Alone Around the World*). Mae'r gân 'John Burnett' yn gofnod hynod, cân a ysgrifennwyd yng Nghaerdydd ym 1973–4, yn ymholi'r hen gyfaill o Birmingham a enwir ynddi, wedi llofruddio Dicky Douthwaite, cyfaill arall, mewn llanast meddw pan oedd Meic yn dal yn fyfyriwr celf yng Nghaerdydd – "Wy'n cofio'n iawn, odd hi'n bwrw eira a phopeth yn wyn ... Fe redodd e ar 'yn hôl ni a stico cyllell yn Dicky. Dim ond tua deunaw o'd odd Dicky ac odd John Burnett tua'r un oedran"). Ac eto, gyda'i ddawn digyffelyb i gyfannu cynnyrch y blynyddoedd, mae *Gwin a Mwg a Merched Drwg* yn cau gyda 'Diwedd y Gân' wedi'i hysgrifennu ar gyfer Siwsi Slade, "odd hi wedi bod yn haslan fi ishe i fi sgrifennu cân iddi ... a dyma hi, ond erbyn hynny odd hi'n ddiwedd y gân". Cynilder syfrdanol ei chloi, fel y sylwodd Lyn Ebenezer unwaith, oedd y "weithred syml o newid 'addewais' i 'adewais' yn dweud y stori'n gyfan".

Roedd bywyd Meic yng Nghaerdydd yn parhau rhwng y cilfachau cyfarwydd erbyn canol yr 1980au – Cantwn, y Conway, Pontcanna – ond roedd marwydos cyfnod a fu mor gynhyrchiol ym mhob man i'w weld, "diwedd yr yfwyr pedair awr ar hugain yn y Conway ... Roedd hi'n chwith ar ôl yr ymadawedig – y ffrindie, y meibion, y merched, y cariadon, eu trugaredde i gyd a'u partïon diddiwedd." Roedd y rhod yn dal i droi, wrth gwrs, er yn absenoldeb rhai o gewri'r cyfnod a aeth heibio – yr actor Ray Smith "yn trio codi ffeit" a'r bardd John Tripp "yn rhefru ar bawb yn y dafarn o ben bwrdd" – ac roedd Meic yn cylchdroi mewn cwmni a oedd yn graddol drawsnewid. Yn un o bartïon y cwmni newydd yma, un prynhawn Sul yn Llanfair Road, cyfarfu â ffeminydd milwriaethus

o swydd Surrey, cantores melodeon o'r enw Fran Batin. Roedd Fran
yn fam i fachgen bach pedair oed, Marcel, pan gychwynnodd ei
pherthynas â Meic wedi cyfarfod eto yng Nghaernarfon ym 1988, ac
ymlaen i Lanrug cyn troi'n ôl i fyw yng Nghaerdydd ar Brunswick Street
(gyferbyn â'r cyn-fynach Barry Tobin o Corc). Byddai Marcel, ymhen
ugain mlynedd, yn chwarae gitâr drydan gyda Meic ar yr albwm *Icarws*
(2007), ac yna ar *Love Songs* (2010). Mewn rhuthr, felly, o fewn dyrnaid
o flynyddoedd, ffrwydrodd y drefn ddomestig gyda genedigaeth tri o
blant i Meic a Fran – Elfed, yna Megan, ac yna Brynach – er chwalu
wnaeth Stevens v. Batin yn y pen draw mewn llys barn. Parhaodd Meic
i gyfansoddi, recordio a chynhyrchu rhywfaint, a'r cyntaf o recordiau'r
cyfnod oedd *Bywyd ac Angau*, albwm dwyieithog wedi'i recordio yn
Stiwdio Fflach, Aberteifi, yn ystod Ebrill 1989. Cloriannwyd nifer
o ganeuon hŷn Meic o'r 1960au ar *Bywyd ac Angau*, a chaneuon o'r
blynyddoedd wedi hynny, ochr yn ochr â chlasuron gwerin lleisiol
('Sailor's Song', 'Pretty Polly') a'u hwyl offerynnol (y polkas a'r pib-
ddawnsiau). Mae yna un gân arbennig iawn y gellid ei dychmygu'n dod
at Meic heb iddo orfod codi bys – 'Dyffryn Rhyfedd', cân yn weddill o
Hirdaith a Chraith y Garreg Ddu – sy'n distyllu deugain mlynedd yn
ddim ond llais a geiriau a gitâr. Bardd Cwsg, yn wir, yn canu rhwng
bywyd ac angau i ddiwedd yr ugeinfed ganrif, "i weled pell yn agos, a
phethau bychain yn fawr", a dilyn ystum ar afon sy'n llifo "mor araf
ag uwd". Roedd cerddorion i'w canmol unwaith yn rhagor ar gyfer
recordio – Dai Dall ar y bâs, Guto Dafis (*Caneuon o'r Gorllewin Gwyllt
a'r De Dwfwn* (1984)) ar yr allweddellau, a Linda Game (ffoadur o'r byd
clasurol, ac yn ddiweddarach yn aelod o'r Ceilidh Crew yn Sussex) ar y
ffidil – a Fran yn chwarae'r melodeon.

Tra bo Meic wrthi'n recordio *Bywyd ac Angau*, roedd y gitarydd
Patrice Marzin (*Nos Du, Nos Da*) wedi dechrau gweithio yn Ffrainc
gyda'r canwr Hubert-Félix Thiéfaine, cyfansoddwr caneuon yn ymhel
â themâu'n codi o'r isfyd (cyffuriau, gwallgofrwydd, marwolaeth) ers
diwedd y 1970au. Gyda'r albwm *Chroniques bluesymentales* (1990),
mentrodd Sony Music ystyried hyrwyddo Thiéfaine fel canwr Saesneg

yn yr Unol Daleithiau, a gwahoddwyd Meic i addasu geiriau Ffrangeg gwreiddiol y caneuon. Roedd y mawrion ymhlith dylanwadau Thiéfaine – Rimbaud, Baudelaire, ac yn arbennig Lautréamont o'r bedwaredd ganrif ar bymtheg – "bachan od", meddai Meic am Thiéfaine, "yn sgrifennu caneuon swreal, odd e'n sgrifennu caneuon fel odd Salvador Dalí yn paentio, caneuon bisâr yn llawn delwedde od iawn". Yn amlwg ddigon, wrth addasu'r geiriau roedd Meic yn eu canu a'u graddol gymathu i'w draw ei hun. A phan ddaeth yn amser iddo recordio ei albwm nesa, sef *Ware'n Noeth (Bibopalwla'r Delyn Aur)* (1991), roedd caneuon Thiéfaine yn ffrwtian. Aeth i stiwdio chwedlonol Les Morrison ym Methesda ddechrau'r haf hwnnw, ac allan o hwyl a chreadigrwydd Stiwdio Les daeth cynhyrchiad moel ("Les is more", chwedl Steve Eaves). Gyda'r chwythwm cyntaf o ganeuon yr albwm, roedd ymrafael Meic â Thiéfaine i'w glywed – tadogir tair ohonynt i Meic a Thiéfaine gyda'i gilydd, sef 'Ware'n Noeth' ('Portrait de femme en 1922'), 'Hiraeth Bregus' ('Un automne à Tanger') a 'Sandoz yn Loudon Square' ('Villes natales et frenchitudes') – oll i drefniannau Meic, a gitâr John Doyle yn rhoi lliwiau crai ar y gyntaf a'r olaf o'r rhain. Mae 'Zoo Zumains Zébus', cân wrciddiol Thiéfaine, hefyd yno yn 'Wedi bwrw 'i blwc' (gydag ôl teitl gwreiddiol Thiéfaine yn llinell agoriadol fersiwn Meic). Lled gorgyffwrdd â myfyrdod y Ffrancwr uwch portread o ferch yn y gân wreiddiol a wnaeth atgofion Meic o fywyd bohemaidd Paris ddiwedd y 1950au yn y gân 'Ware'n Noeth', ac mae'r caneuon 'Hiraeth Bregus' a 'Sandoz' yn mentro trip seicedelic ar lwybrau swreal Thiéfaine. Yn 'Sandoz', dogfennir llif yr ymwybod, yn awgrymog o deithi 'blank endless' gynt â gwawl oren goleuadau'r stryd, o hen galon Tiger Bay yn Loudon Square gan bwyntio at hynodion wrth iddynt lifo heibio: tafarnau'r Custom House (y "tŷ bach glas") a'r North Star, Camlas Sir Forgannwg, cerflun yr ail farcwis Bute, y gyfnewidfa lo ar Sgwâr Mount Stuart, eglwys Awstin Sant ym Mhen-arth, a Mike Santos, hen gyfaill o Louisa Street yn ardal y dociau ("y gwrcath du", a dynnodd sylw Meic yn wreiddiol at ddoniau sax George Khan ar gyfer sesiynau

Farnham) – tra bo'r 'Sandoz' yn enw'r gân yn gyfeiriad at labordai Sandoz, lle wnaeth Albert Hoffmann ddarganfod y cyffur seicedelic LSD ym 1938.

Mae siâp arbennig i nifer o ganeuon *Ware'n Noeth* – cytgan 'Rhosyn yr Anialwch', er enghraifft, â Meic yn amyneilio â llais Jackie Williams. Addasiad oedd y gân yma o 'Sands of Time', cyfansoddiad gwreiddiol Alan Jenkins, hen ffrind o Dyddewi, a fu'n ffodus unwaith i ddianc o Saudi Arabia ar ôl cael ei ddal yn bragu cwrw anghyfreithlon – "un o'r chwaraewyr banjo a gitâr 'sesh' gore". Cyfrannodd Jenkins rai blynyddoedd cyn hynny at ganeuon Meic ('Santiana' a 'Dic Penderyn') ar record hir mudiad Adfer, *Lleisiau* (1975) – a'r copi o ddisg demo gwreiddiol sesiwn Tony Pike a fu ym meddiant Jenkins oedd yr un a recordiwyd gan Spike Woods yn y 1960au, ac a ryddhawyd fel record hir yn 2002. Mae caneuon eraill o gyfnodau cynharach ar *Ware'n Noeth* – 'Tân neu Haf', cân o Gaerforiog a recordiwyd gan Y Diliau ar record hir y grŵp ym 1979, "cân abstract ... dyw hi ddim yn sôn am unrhyw fan arbennig", a'r gân 'Llygaid Llwyd' sy'n "rhyw fath o hunanbortread ... yn ail-greu'r darlun o ddyffryn Solfa fel o'n i'n 'i weld e pan o'n i'n blentyn bach, pan odd e'n nefoedd i blant fel fi". Ac yna 'Yr Incredibyl Seicedelic Siliseibyn Trip i Grymych' yn ei holl ogoniant, cân wedi'i hysgrifennu gan Meic yn deyrnged i'w ewythr, Harri Meredydd Davies:

Dyn deallus, odd yn gwbod popeth am anifeiliaid a hela ac odd e'n gallu yfed peint mewn peder eiliad ... Odd dim ishe LSD ar Harri i fod yn seicedelic ... ond ma'r gân yn sôn am yr adeg pan odd yr hipis yn cynnal y Ffair Feigan lan yng Nghrymych ac yn gneud pob math o bethe od. Hipis naturiol odd rheini, dim y new age travellers ...

Mae rhialtwch y Crymych trip mewn gwrthgyferbyniad union â'r gân sy'n dilyn, sef 'Tywyllwch', cân yn deillio o egni negyddol yn gorgyffwrdd â cherddi *Les Fleurs du mal* Baudelaire, yn troedio dieithrwch dinesig ac yn "gwisgo du a meddwl du". Yn wir, mae delwedd Meic yn un gyfarwydd, "pobol negyddol, pobol dywyll,

Dracula yn bod o hyd ac ym mhobman" – delwedd ganolog 'Y Meirw Byw' (1982), wrth gwrs. Ond codi o'r tywyllwch a wna'r gân sy'n cario'r albwm yn ei flaen, a Meic ar ei fwyaf cŵl yn canu 'Bibopalwla'r Delyn Aur'. Cathy'r gân yw Cathy Chapman o Gaerdydd, "odd yn arfer whare yn y tafarne ... yn arbennig ardal City Road. Whare gitâr odd hi, Telecaster gwyn. Dyna beth yw'r 'Tele bach tlws o dan y staer' yn y gân. Yn ogystal â whare'r gitâr odd hi hefyd yn gantores wych iawn." Mae'r pennill olaf ar y record (roedd fersiwn gwreiddiol y gân yn cynnwys un pennill ychwanegol a aeth ar goll rhywsut) yn cyfeirio at Lyn Phillips, "y gwreiddiol a'r mwya o rocyrs y Rhondda", a ddaeth â'i fand y Cadillacs i sesiynau Farnham ym 1981, ond a gollodd ei gyfle i gyfrannu'n offerynnol i'r recordiadau hynny:

Pan ddaeth hi'n bryd i Lyn ychwanegu ei delyn felangan at y traciau oedd wedi'u recordio ymlaen llaw, aeth i'r stiwdio a chês o harmonicas ganddo, rholiodd y tâp, dim siw na miw o'r stiwdio ... Dim yw dim. Ar ddiwedd y trac dyma ni i gyd i'r stiwdio i gael Lyn ar ei hyd ar lawr yn rhochian chwyrnu a'i bawen chwyslyd yn cydio'n dynn mewn Hohner Super Vamper. Roedd yn chwil ulw gaib ... Felly doedd Phillips yr organ geg ddim ar yr albwm.

Ond o'r diwedd, llwyddwyd i'w gael ar record gyda Meic ar *Ware'n Noeth*, a hynny ar gân ola'r albwm, sef 'Dewch Lawr' – cân arall i godi hwyl gydag Edwin Humphreys ar y trombôn a'r sax (sy'n dal i chwythu ar 'Wedi bwrw 'i blwc'). Cwblhawyd y recordio ym mis Mehefin; ganwyd y chweched o blant Meic, Brynach, ym mis Gorffennaf, diwrnod cyn marw mam Meic, Beti; ac iddi hi y cyflwynir cyfanwaith *Ware'n Noeth*.

Mewn prin pedair mlynedd, felly, ers diwedd y gân ar *Gwin a Mwg a Merched Drwg*, aeth Meic o ddim i fod yn dad ar llond tŷ o blant. Gydag ymadawiad Fran i astudio yn Sheffield, ac yntau'n ŵr yn tynnu am yr hanner cant, roedd 1991 yn gychwyn ar flynyddoedd fel tad sengl gyda phedwar cyw bach o dan ei adain. Eto fe lwyddodd i barhau'n gerddorol gynhyrchiol. Ffurfiwyd band newydd ar gyfer recordio'r albwm *Er cof am blant y cwm* yn gynnar ym 1993, gyda Bernie Holland yn arwain – chwaraeodd Bernie gitâr ar *Outlander* ym 1970, ac i bontio'r degawdau cynhwysir y gân 'Morwen y Medd' ar albwm 1993, cyfieithiad o'r gân wreiddiol 'Rowena'. Gyda Bernie, ymunodd Brian Breeze ar y gitâr, a Chris Mee fu'n chwarae ar y sîn yn Nottingham yn y 1960au a'r 1970au, ac a gyrhaeddodd ben ei daith ym Morfa Nefyn; gyda Marc Jones ar y bâs, daeth y "faswraig ddamweiniol" Paula Gardiner i chwarae'r bâs dwbwl; ac yna'n ymuno gyda'r Cynganeddwyr Richard Dunn ac Arran Ahmun, daeth Paul Hitchmough ar y drwms, a'r cerddoregydd Pwyll ap Siôn ar yr allweddellau. Ail lais cefndir gyda Heather oedd ei merch hi, Lisa Jarman – sef Lisa Grug y cwch banana ym 1970. Mae caneuon y degawdau'n amrywiol, rhwng gyriant R&B 'Rhy Hwyr' a chronicl dociau Caerdydd yn 'Yr Eglwys ar y Cei'. Yn debyg i sesiynau *Nos Du, Nos Da*, cafodd Meic ei hun yn y stiwdio gyda gormod o ganeuon ar gyfer un albwm – ac yn y stiwdio fe ysgrifennwyd mwy fyth, caneuon offerynnol gan Bernie, a choffadwriaeth i frenin y bop, Dizzy Gillespie.

Mae olion cywaith Meic a Thiéfaine i'w clywed yn y gân 'Yfory y Plant' ('Demain les kids'), cân amserol er gwaetha'r tywyllwch sydd ynddi – "cwtogi ar y gwasanaeth iechyd, cwtogi ar addysg ... yn bygwth iechyd ac addysg y wlad a dyfodol cymdeithas". Mae ei byrdwn yn adleisio'r ymateb torfol sy'n "cau llyged i'r cyfan a gadel iddo fe ddigwydd". Mae'r gân 'Angau Opera Ffug y Clôn' yn gofiadwy gyda'r "rhod wedi troi cylch cyfan, ma' aelode o'r Cynganeddwyr yn whare arni ... ma' dylanwad Tich Gwilym ar hyd y lle hefyd". Cân y gwahoddwyd Meic i'w hysgrifennu'n wreiddiol ym 1992 yw 'Yr Eglwys ar y Cei', ar adeg adleoli'r eglwys Norwyeg yn hen ardal y dociau yng Nghaerdydd. Mae'n gân i gofio "am goed gwyn Norwy a aeth i'r pyllau du", ac yn tynnu ar yr un hanes a liwiodd ganeuon *Hirdaith a Chraith y Garreg Ddu* bymtheg mlynedd ynghynt. A daeth y gân 'Er cof am blant y cwm' i'w ffurf derfynol wedi i Richard Dunn ddatblygu alaw a fu gan Meic ers dechrau'r 1960au, a'r geiriau'n cael eu hysgrifennu yn y stiwdio ar yr un pryd:

Odd angen cân newydd arna i, un fydde'n ffitio i thema'r record ac fe
ddâth hon i fi mas o'r awyr. O'n i wedi colli Mam, a ddâth y geirie i fi
wrth feddwl amdani hi ... cân i Mam a'i chenhedlaeth hi. 'Sdim llawer
ohonyn nhw ar ôl erbyn hyn. Ac ma'r gân yn mynd 'nôl i Solfa a'i
ddyffryn hyfryd pan o'n ni'n blant.

Rhoddwyd clo ar yr albwm gyda chyd-gyfansoddiad Meic a Bernie,
y gân 'Iraq', trac sain i gyfres o ymyriadau milwrol trychinebus y
Gorllewin – o Ryfel y Gwlff (1990–1) i Ryfel Irac (a gychwynnodd
deufis wedi gorffen recordio *Er cof am blant y cwm*) – a'r ddadl mai
trosedd tan fantell rhyfel oedd yr hyn a ddigwyddodd ar erwau
llychlyd y Dwyrain Canol. Ac yna adre, at derfysgoedd y plant ar yr
aelwyd, "lan at fy nghlustie mewn pethe ysgol feithrin, yn magu tri o
blant fy hun", ac ymroi i gyfrifoldebau tadol gan feddylu, "sa i'n credu
bod lot o fyw ar ôl 'da fi".

yna adre, at derfysgoedd y plant ar yr aelwyd

Roedd ymwahanu oddi wrth y plant yn anodd ac yn anymarferol
i Meic erbyn hyn, a bu'n gyfnod o dynnu'r ffrydiau at ei gilydd yn
gerddorol. Roedd ysgrifennu caneuon neu berfformio'n fyw yn anos
fyth. Daeth rhai recordiadau demo acwstig cynnar i'r wyneb – yn eu
plith 'One Night Wonder' o'r sesiynau yn Olympic Studios ym 1970,
'Need For Need', 'Ghosts of Nothing Lie' (sef y gân 'First Love', a
ysgrifennwyd gyda Spike Woods) – i'w rhyddhau ar y record hir *Ghost
Town* (1997) ar label Tenth Planet. Ond amlygwyd y prinder caneuon
gwreiddiol newydd pan aeth Meic eto i recordio albwm yn stiwdio
Sain y mis Tachwedd hwnnw. Ar gyfer sesiynau'r albwm *Mihangel*,
ysgrifennodd eiriau Cymraeg i geisio aildwymo rhai caneuon gan y
cerddor Rob Mills o Gaerdydd, ac roedd ffidil y sesiynau yn nwylo'r

cerddor jazz byrfyfyr Billy Thompson o'r band Killing Time (byddai Thompson eto yn chwarae ar record fyw *An Evening With Meic Stevens* yn 2007). Daeth caneuon o ffynonellau eraill yn ogystal – ysgrifennwyd 'Lawr ar y Cei' yn wreiddiol fel 'Down on My Knees' gan Mickey Gee, y gitarydd o Gaerdydd (a gafodd ei enwi yn y gân 'Bibopalwla'r Delyn Aur'). Ond cywaith amrywiol ac anwastad oedd *Mihangel*, weithiau'n adrodd profiadau estron iawn i rai Meic ei hun – a gyda'r prosiect yn rhwym i gyfaddawd, "rhoddodd yr helynt bach 'na gic lan 'y mhen-ôl i", cyn hoelio'r meddwl eto i ysgrifennu caneuon yn hwyr y nos, ar derfyn dydd.

Daeth troad y mileniwm â chydnabyddiaethau teilwng, yn cynnwys rhestru Meic ymhlith 'Top 100 Cult Heroes' y cylchgrawn cerddoriaeth *Mojo* yn 2000. Roedd y gwahoddiad iddo ganu rhai o'i hen ganeuon gyda Cherddorfa Genedlaethol Cymru y BBC yn gyfle i lenwi'r hwyliau'r eto – caneuon nosweithiau Neuadd Brangwyn Abertawe, a dau berfformiad cerddorfaol arall yn Rhydaman yn 2002, a'r Brangwyn eto yn 2004, sydd i'w clywed ar yr albwm *Meic a'r Gerddorfa* (2005). Llwyfannwyd cyngerdd ag adran linynnol, gyda Patrice Marzin yn dychwelyd ar y gitâr, ar gyfer Eisteddfod Tyddewi yn 2002 (rhyddhawyd yr hen ganeuon o'r gyngerdd honno ar albwm *Ysbryd Solfa*, gyda Dave Reid, Heather Jones, Anthony Griffiths a Billy Thompson yn cyfrannu), a daeth gwahoddiad gan Sain i ddychwelyd i'r stiwdio eto yn 2006. Ar y ffordd, fel unrhyw drwbadŵr

**one had a pistol
against my head
and the other pointed it
at my heart**

gwerth ei halen, cafodd Meic drafferthion mewn tafarn – yr achlysur mwyaf nodedig oedd honno ar ddechrau mis Mawrth 2006 yng ngwesty'r Old Cross yng nghanol Tyddewi, pan gyrhaeddodd un helynt benllanw gyda'r pennawd arswydus: "Folk singer ... fined for threatening to shoot a Pembrokeshire hotel manager when she refused him another drink." Rhuthrodd yr heddlu i mewn i ystafell wely Meic, "one had a shield ... two had pistols, one had a pistol against my head and the other pointed it at my heart". Ac erbyn dychwelyd i ddiogelwch y stiwdio y mis Tachwedd canlynol, "doedd dim llawer o ganeuon da fi, so es i mewn i'r archive, hynny yw, hen note-books a darnau o bapur o'n i wedi cadw o gwmpas y lle dros y blynyddoedd", ac ychwanegu fersiwn newydd o 'Gwenllian' a rhai caneuon a ganwyd yn wreiddiol gan Heather ddegawdau cyn hynny. Gyda chydnabyddiaeth i Jarman am ei gyfraniad wrth gyfieithu rhai o'r hen fersiynau gwreiddiol, recordiodd Meic yr albwm *Icarws* (2007), ochr yn ochr â'r albwm Saesneg *Love Songs* (2010), ag arnynt ganeuon yn dyddio o ddiwedd y 1950au (mae fersiwn gwreiddiol 'Cân Walter', sef 'Bound for the Baltic Sea', ar *Love Songs*) i'r presennol, "lot o ganeuon Saesneg a lot o ganeuon eraill ro'n i wedi'u sgrifennu dros y blynydde ... fersiyne gwreiddiol doedd erioed wedi cael eu recordio". Ac yn 2018, daeth cydnabyddiaeth am awelon oes gyda'r Wobr Ysbrydoliaeth Gerddorol Gymreig gyntaf.

Y caneuon dirifedi, o'r dwys i'r "airy nothing" ac heb eu diheintio, yw corff y llyfr hwn. Er mwydro a mydryddu'r degawdau, er diflannu ambell air neu frawddegyn yn niwl yr archif, er maglu llais rhyddid a thafod llac Meic – ac er ei rincian dros y sîn roc Gymraeg – dyma, yng ngeiriau Jarman, "y meistr ein Mihangel / hogyn drwg sydd eto'n angel".

D. J.

FFYNONELLAU

1935. T. H. Parry-Williams, *Elfennau Barddoniaeth* (Caerdydd: Gwasg Prifysgol Cymru)

1949. Glanffrwd, *Llanwynno*, gol. Henry Lewis (Caerdydd: Gwasg Prifysgol Cymru)

1953. D. R. Griffiths, Pennar Davies, Gareth Alban Davies, Rhydwen Williams a J. Gwyn Griffiths, *Cerddi Cadwgan* (Abertawe: Gwasg Cadwgan, 1953)

1966. Ellis Wynne, *Gweledigaetheu y Bardd Cwsc,* gol. Aneirin Lewis (Caerdydd: Gwasg Prifysgol Cymru)

1969. Megan Tudur, adolygiad o 'Yr Eryr a'r Golomen', *Hamdden*, 49/5 (Mai)

1969. Megan Tudur, cyfweliad gyda'r Bara 'Menyn, *Hamdden*, 53/4 (Tachwedd)

1970. Geraint Jarman, *Eira Cariad* (Llandybïe: Llyfrau'r Dryw)

1970. N.S. 'Meic Stevens – An Original Talent', *Beat Instrumental* (Awst)

1970. W. H. Owen, yn *Y Cymro* (29 Ebrill)

1971. Meic Stevens, *Byw yn y Wlad* (WRE 1107) (nodiadau)

1972. 'A long letter from Meic Stevens', *The Welsh Nation* (19 Hydref)

1976. Emyr Llywelyn, *Adfer a'r Fro Gymraeg* (Pontypridd a Lerpwl: Cyhoeddiadau Modern Cymreig)

1978. Gari Melville, yn *Y Cymro* (25 Ebrill)

1980. W. R. Evans, *Fi Yw Hwn* (Abertawe: Gwasg Christopher Davies)

1981. Eurof Williams, *Gwreiddiau Canu Roc Cymraeg* (Penygroes: Cyhoeddiadau Mei)

1989. Nigel Jenkins, *John Tripp* (Caerdydd: Gwasg Prifysgol Cymru)

1991. Donald Evans, *Rhydwen Williams* (Caerdydd: Gwasg Prifysgol Cymru)

1991. Rhydwen Williams, *Barddoniaeth Rhydwen Williams: Y Casgliad Cyflawn, 1941-1991* (Llandybïe: Cyhoeddiadau Barddas)

1993. Meic Stevens, *I Adrodd yr Hanes* (Capel Garmon: Gwasg Carreg Gwalch)

1993. Meredydd Evans, 'Meic', yn *I Adrodd yr Hanes* (Capel Garmon: Gwasg Carreg Gwalch)

1997. Meic Stevens, *Ghost Town* (TP028) (nodiadau)

2001. Damian Walford Davies (gol.), *Waldo Williams: Rhyddiaith* (Caerdydd: Gwasg Prifysgol Cymru)

2002. Hefin Wyn, *Be Bop a Lula'r Delyn Aur* (Talybont: Y Lolfa)

2002. Meic Stevens, *Disgwyl Rhywbeth Gwell i Ddod* (SCD 2345) (nodiadau)

2002. Pwyll ap Siôn, '"Yn Y Fro": Mudiad Adfer a'r Canu Pop Cymraeg', *Hanes Cerddoriaeth Cymru*, 5

2003. 'Folk Minority', Richard Marshall interviews Meic Stevens, *3 A.M. Magazine*

2003. Meic Stevens, *Hunangofiant y Brawd Houdini* (Talybont: Y Lolfa)

2004. Hywel Gwynfryn, *Y Dyn 'i Hun* (Caernarfon: Gwasg Gwynedd)

2006. Meic Stevens, *Rain in the Leaves: The Eps. Volume 1* (SBRCD5021) (nodiadau)

2006. *news.bbc.co.uk/1/hi/wales/south_west/6154116.stm*

2007. Meic Stevens, *Sackcloth and Ashes: The Eps. Volume 2* (SBRCD5033) (nodiadau)

2007. Heather Jones, *Gwrando ar fy Nghân* (Caerdydd: Gwasg y Dref Wen)

2007. Meic Stevens, *Icarws* (SCD2516) (nodiadau)

2008. Meic Stevens, *Gwymon* (SBRCD5046) (nodiadau)

2009. Meic Stevens, *Y Crwydryn a Mi* (Talybont: Y Lolfa)

2009. Lyn Ebenezer, rhagair i Meic Stevens, *Y Crwydryn a Mi* (Talybont: Y Lolfa)

2010. *Cerddi Dafydd ap Gwilym*, gol. Dafydd Johnston et al. (Caerdydd: Gwasg Prifysgol Cymru, 2010)

2010. *Meic meets Syd* (atagong.com)

2010. *theguardian.com/cardiff/2010/mar/28/geraint-jarman-welsh-language-music-butetown-cardiff*

2011. Steve Eaves, 'Les Morrison (1956–2011)', *Barn* (Mehefin)

2011. Meic Stevens, *Mâs o 'mâ* (Talybont: Y Lolfa)

2011. *Music Now, galacticramble.blogspot.co.uk/2011/04/meic-stevens-welsh-wizard-at-work.html*

2011. Tom Davies, *The Reporter's Tale* (Bala: Berwyn Mountain Press)

2011. *walesonline.co.uk/news/wales-news/singer-meic-stevens-i-hendrix-1829509*

2012. Geraint Jarman, *Cerbyd Cydwybod* (Llandysul: Gomer)

2013. Meic Stevens, *Dyma'r ffordd i fyw* (SCD2692) (nodiadau)

2015. Hefin Wyn, *Ar Drywydd Meic Stevens: Y Swynwr o Solfach* (Talybont: Y Lolfa)

2016. 'Cychwyn newydd Jarman', *Y Selar*, 46 (Awst)

2016. *bbc.co.uk/programmes/p0481ndx*

Walter's Song

Fare thee well ye morning fine
fare thee well, cried he
today we're away on the Tarpon
bound for the Baltic Sea

Hurry for I must leave you
leaving's grieving me
today we're away on the Tarpon
bound for the Baltic Sea

He's taken all his money out
put it on the bar
"Here's a drink for everyone
for I must go to war."

He's kissed his father and mother
his sister and her friend
"It isn't fear that keeps me here,
and I won't be back again."

Time passed and then the postman
brought
a message from the Crown
the Tarpon's bombed in the Skagerrak
and all her crew are drowned

A southwest gale was blowing hard
That day across the bay
"It is God's will," his mother said,
Then bowed her head to pray

BOUND FOR
THE BALTIC SEA

Hurry for I must leave you
The leaving's grieving me
Today we're away on the Tarpon
Bound for the Baltic Sea ...

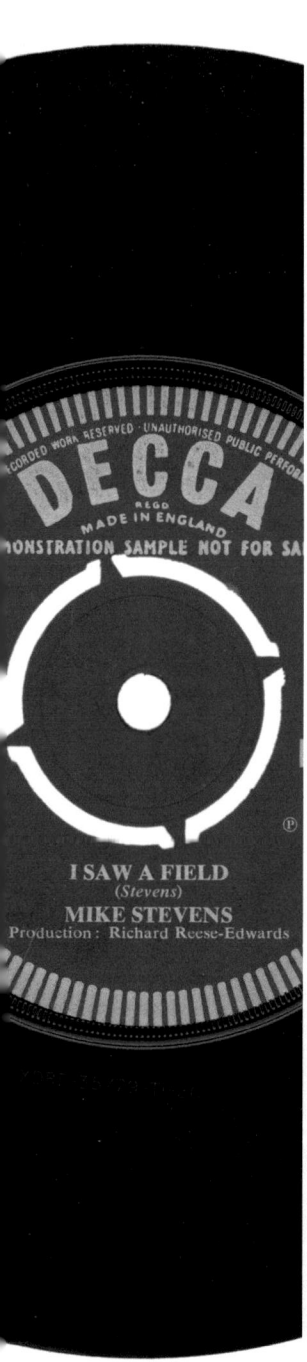

One day I climbed a high and lonesome hill
Looked all around looking where I will
I saw the sea so blue and far away
And I saw a field where the children play

Beneath the gathering clouds of black and grey

I SAW A FIELD

And in the west a flock of sheep and goats
And on the sea a fleet of fishing boats
And overhead the warplanes filled the sky
And on the ground the rockets set to fly
Well I saw a field where the children play

Beneath the gathering clouds of black and grey

One day I'll climb the hill and see
The smoking mists surrounding me
Fall on my knees and then I'll pray
For a graveyard where no children play

Beneath the gathering clouds of black and grey
Well I saw a field where the children play

Beneath the gathering clouds of black and grey

Clouds always come to fill the sky
As babes are born the old men die
For peace and life I think we yearn
But man will war, you'll never learn
Well I saw a field where the children play

Beneath the gathering clouds of black and grey

Some day I hope I'll see the sun
Before my life on earth is done
I'll climb again the hill some day
And see the little children play

Beneath the gathering clouds of black and grey
Well I saw a field where the children play
Beneath the gathering clouds
of black and grey

Bro-dawel. Solva. 1959.

She was just a wanderer,
she travelled by herself.
Recently got married,
seems like she's upon the shelf.

But still waters do lie so deep, so wide,
I'm all alone, won't you row me home mister boatman, please ...

Wherever she was travelling,
searching for a friend,
to help her to unravel
tangled threads and knotted ends.

STILL WATERS

All day long she's playing
her rhapsodies in rhyme,
her untuned strings are stashed away,
the piano hides behind the blinds.

Now two pretty babies
are playing round her hearth,
her untuned strings are stashed away,
her old man reads *Exchange & Mart*.

But still waters do lie so deep, so wide,
I'm all alone, won't you row me home mister boatman, please,
I'm on my knees ...

John Burnett, why do I sing this song?
John Burnett, is it for what you done?

In Birmingham the soft white snow of Christmas-time that came my way
Why did you kill my friend? Why did you slay today?

John Burnett, why did you run away?
John Burnett, you threw your knife away

Was it your conscience or the thought of all the cops from far and near
who'd hunt you down? Your body shook with fear

JOHN BURNETT

John Burnett, can there not be relief?
John Burnett, are you more than a thief?

But in the cold eyes of the law, the sword, the blindfolds, scales see-sawing
did not sway your way, crime was all they saw, my friend

John Burnett, why do I sing this song?
John Burnett, is it for what you done?

In Birmingham the soft white snow of Christmas-time that came my way
Why did you kill my friend? Why did you slay today?

Did I see or did I dream
when the sun last was above?
And I dreamed all night that hazy dream
of you and our broken love.
Did I see you in my dream ...
In the coldest winter's night
when the frost paints white the scene?
In the furnace of desire
when the scorched grass turns to green?

DID I DREAM

Did I see or did I dream
when I knew you'd gone away?
And I could not write a letter long,
you can't speak what love must say.
Was it real or did I dream ...
A hundred miles up in the sky,
the earth and sun between.
Deep in the caverns of the earth
where the daylight's never seen.

Did I see or did I dream
when you went away with him?
And I can't wait 'til you come back,
time will drag and my eyes grow dim.
I can't stop my travelling ...
From the apple of my youth
when it's ripened on the tree,
to the rotten core of age
when the Reaper comes for me.

Dau rosyn coch a dau lygad du
Yn y baw a'r llaca, yma gwelwch fi

"A gaf i ddod gyda chwi,
　　　　　　　　fy ngeneth ffein i?"
"Cewch, os dewiswch, o syr," mynte hi

Dau rosyn coch a dau lygad du
Yn y baw a'r llaca, yma gwelwch fi

"A gaf i un gusan,
　　　　　　　　fy ngeneth ffein i?"
"Beth yw hwnnw, o syr?" mynte hi

DAU ROSYN COCH A DAU LYGAD DU

Dau rosyn coch a dau lygad du
Yn y baw a'r llaca, yma gwelwch fi

"Beth yw eich gwaddol,
　　　　　　　　fy ngeneth ffein i?"
"Cymaint ac a welwch, o syr," mynte hi

Dau rosyn coch a dau lygad du
Yn y baw a'r llaca, yma gwelwch fi

"Yna ni phriodaf,
　　　　　　　　fy ngeneth ffein i,"
"Ni ofynnais i chwi, o syr," mynte hi

Dau rosyn coch a dau lygad du
Yn y baw a'r llaca, yma gwelwch fi

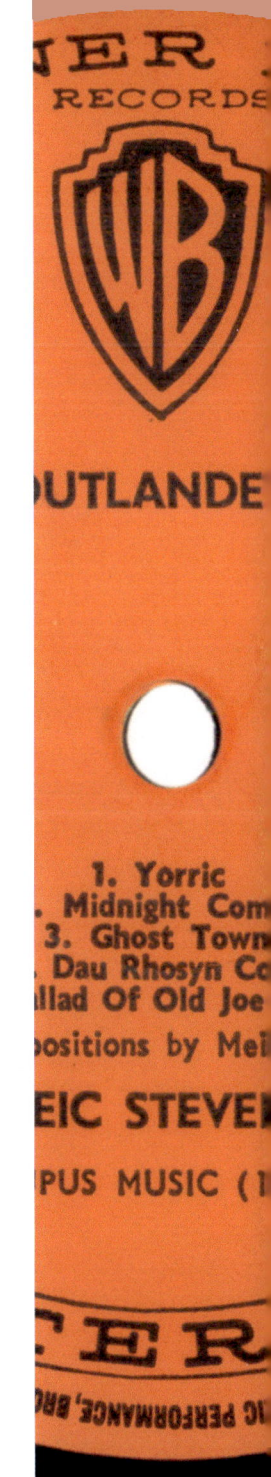

It don't do to see a little girl cry
And it ain't for me to ask the reason why
The thoughts around my mind that the world is so unkind
But it ain't for me to ask the reason why, oh no, it ain't for me to ask the reason why

IT AIN'T FOR ME
TO ASK THE REASON WHY

It don't do to see a little boy lost
And it hurts for me when I have to count the cost
The people that I meet got the whole world at their feet
But it ain't for me to ask the reason why, oh no, ain't for me to ask the reason why

It hurts for me when I see folks getting angry
And to hear about poor children that go hungry
And when the falling leaves drop slowly from the trees
But it ain't for me to ask the reason why, oh no, ain't for me to ask the reason why

Time and tide don't wait for anybody
People all rush by me in a hurry
It beats me how they rush and shout and scream and push
But it ain't for me to ask the reason why, oh no, ain't for me to ask the reason why

Can't you see that it ain't up to me to ask the reason why ...

Across the valley I hear the vulture cry
Though I'm a young man, I am condemned to die
I heard it softly, afar, in days gone past
Now life but leaves me, and death approaches fast

There is a vulture and there's a dove
Yet there's war and yet there's love

My education, I know that I have none
But as I lie here, I know that this is wrong
Life carries on back in my own country far
But in this foreign land there's blood and death and war

And there's a vulture and there's a dove
And yet there's war, but I don't see love

There is much beauty in the native woman's face
But that fair beauty has become a mask of hate
Her home and people's lives are gambled like a pawn
Her home and husband burn, and life for her has gone

But there's a vulture and there's a dove
And yet there's war, and yet there's love

THE VULTURE
AND THE DOVE

You politicians sitting in your mansions high
Why do you cause so many folk to grieve and die?
One thing I'll tell you, that it's a damn disgrace,
You fight your bloody wars to save your selfish face

And there's a vulture and there's a dove
And yet there's war, and yet there's love

Across the valley I hear the vulture cry
Though I'm a young man I am condemned to die
I heard it softly, afar, in days gone past
As life but leaves me, and death approaches fast

Up on the mountain there are great gods
where the wise men never tread,
up on the mountain, where the blood makes a fountain,
clutching hands pull you down to the long dark dead.

Up on the mountain in the rock peaks,
there I heard a curlew cry.
And the mournful singing for a dead man swinging,
and he lies alone unprepared to die.

UP ON THE MOUNTAIN

Up on the mountain in the darkness
a blood-stained flag flies red.
Stone waters trickle, and the hammer and the sickle
make a heartfelt sound for the long dark dead.

Up on the mountain in the dark caves
where the glittering machinery roars,
slaving off to battle 'midst the clatter and the rattle
caring not for the cries of the blood-red souls.

Up on the mountain there are great gods
where the wise men never tread,
up on the mountain where the blood makes a fountain,
clutching hands pull you down to the long dark dead.

If I had you next to me
to walk beside the sea
As the waves beat on the shore
and the dark black storm clouds soar
I would try to win your love ...

Like the ships that pass in the night
or the bats that blindly fly
With no beacons to light the dark
I would somehow find a way
to the place where our hearts had gone ...

IF I HAD YOU NEXT TO ME

Then the dark would swiftly fall
like a jungle all around
And I'd run and I'd be afraid
'til my feet scarce would touch the ground
'til the glimmering dawn appeared ...

Then I'd see the sun arise
climb fast above the land
And my jungle would wither and die
and my fear would be nought but dreams
like the distant stars in the sky ...

Then I'd see you close, quite near
'neath the tree standing on the hill
Where a sparkling fountain spell
and no man's other will
can take you back from me ...

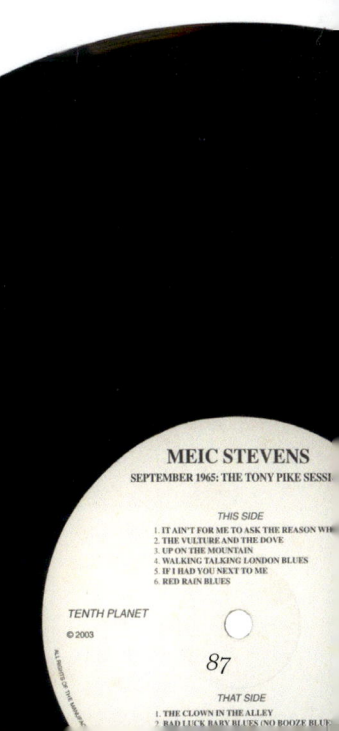

MEIC STEVENS
SEPTEMBER 1965: THE TONY PIKE SESSI

THIS SIDE
1. IT AIN'T FOR ME TO ASK THE REASON WH
2. THE VULTURE AND THE DOVE
3. UP ON THE MOUNTAIN
4. WALKING TALKING LONDON BLUES
5. IF I HAD YOU NEXT TO ME
6. RED RAIN BLUES

TENTH PLANET
© 2003

87

THAT SIDE
1. THE CLOWN IN THE ALLEY
2. BAD LUCK BABY BLUES (NO BOOZE BLUE

Well, I went to London, I was feeling swell
I had no money, but what the hell?
I never had no place to kip,
But just had to keep on walking ...

WALKING TALKING LONDON BLUES

Two days later I was feeling bad,
my feet all twisted, man! I'm sad ...
God, you gotta lend me a pad
because I can't keep on walking no more ...

Well, pretty soon I got some work,
being lazy I had to shirk.
The foreman said, "Hey there, jerk,
I think you'd better get walking!"

I joined the army, I tell you folks ...

The sergeant said, "Hello son,
I'll give you a knapsack and a rifle gun,
I'll drive you down to Salisbury Plain,
and keep walking again!"

"The army's all right," the officer said,
he dragged me in, I was nearly dead.
Laid me down on an army bed
and said, "Oi, get yer head down, Taffy!"

Well, I couldn't stop walking ...

I shot myself just three days past,
I'm in Eternity and that should last.
I'm flying along between Heaven and Hell,
and my old feet they sure feel well.

But my wings are aching ...

Can't stop flying, or I'll be back where I started ... walking!

I ain't gonna get far in these gold-plated sandals ... my wings are dragging ...

Got my calling, rain come falling down
Got my calling, red rain falling down
Lord! look for my baby, that girl she ain't around

RED RAIN BLUES

Seen my mama, oh why d'you tell me them lies?
Oh, my mama, why d'you tell me all them lies?
Lord! come over to my house, baby, make my little heart rise

I called my baby, called her on the telephone
you know I called my girl, called her on the telephone
I said come on my mama, oh I'm all alone

Mama, mama, mama, don't tell me this is the end
oh mama, mama, don't tell me, don't say this is the end
oh bye-bye mama, bye-bye, you're my good long lost friend

Dark night falling, rain beating all around
I see dark night falling, red rain beating down on me
Lord! I lost my woman, woe woe woe is me ...

Now the coloured autumn's disappeared,
Winter's icy dagger stabs the air …
Moonlit sky lies bleeding white upon the ground
and trees, raped of their green leaves, make no sound

Blackbirds fly like ashes in the wind,
driven by the whip of cold, they fly …
Before the freezing winter's silent dead-white hood,
like a spreading flake and chill their blood

WINTER OF THE CLAN

Trees are blazing crosses in the sun,
a falling ball of fire when evening comes …
Winter's night-black hatreds stealthily slipping in,
rise us to hide and wall ourselves within

Winter is the evil that men do,
poison to the world and all that's true …
When the darkness passes, the thunder that brings pain,
peace like the brief daylight dawns again …

You are the clown who cries in my alley,
alley of sorrow, don't lead nowhere,
   face that is hidden, coloured with laughter,
  hand-painted smile hides a million tears.

I've seen you walking in red tassled slippers,
long pointed hat, yellow and white,
I've seen you dancing, like a flag with the children,
why do you cry in my alley at night?

CLOWN IN THE ALLEY

Your trousers are slashed with the hues of a rainbow,
your coat it is splashed with silver and gold,
the world laughs at you but your makeup's betrayed you,
a prisoner of mirth though you're tired and old.

   You are the clown who cries in my alley,
alley of sorrow, don't lead nowhere,
   face that is hidden, coloured with laughter,
  hand-painted smile hides a million tears.

You are a puppet, red is your colour,
red as the flowers but never the blood,
you are bewitched by the wizard who made you,
your heart is of straw, your head is of wood.

You are the clown who cries in my alley,
alley of sorrow, don't lead nowhere,
face that is hidden, coloured with laughter,
hand-painted smile hides a million tears.

If I could give you the wings of an angel,
the speed of a dolphin that swims the blue sea,
I would release you from the bonds of your prison,
the last laugh would only be for you and me.

You are the clown who cries in my alley,
alley of sorrow, don't lead nowhere,
face that is hidden, coloured with laughter,
hand-painted smile hides a million tears.

You started your life wishing well
when you spoke in our public hall,
and the people put their trust in you
believing your slogans on their wall
Oh, it's no use calling daylight dark
or calling the tramp a king,
it's no use saying we fight for right
for war is death and suffering.

NOT FOR ME, MR MP

Then you became a very great man,
you opened our bridges and fetes,
you spoke for us in Parliament,
you spoke for us in your big debates
Oh, it's no use calling daylight dark
or calling the tramp a king,
it's no use saying we fight for right
for war is death and suffering.

Bro-dawel Solva. 1959.

You changed your soap-box for a throne,
your old felt hat for a Crown,
and people's lives are in your hands
as you sit up there in your ermine gown.
Oh, it's no use calling daylight dark
or calling the tramp a king,
it's no use saying we fight for right
for war is death and suffering.

You've lost yourself within your self,
you're not the man we were for,
and men that were are not now yours,
for you dice with their lives when you're playing with war.
There's no use calling daylight dark
or calling the tramp a king,
there's no use saying we fight for right
for war is death and suffering.

Be for the people, not yourself,
don't speak for us and lie,
don't fight your wars for a piece of land
when they bury us for that for which we die.
It's no use calling daylight dark
or calling the tramp a king,
it's no use saying we fight for right
for war is death and suffering.

I hear your footsteps in the long dark hall
and in a crowning hill's flying in the wind
it seems the sadness of a teardrop smile
has taken all the magic light and left me blind

FIRST LOVE

and while I live I will re-live the life I lived with you ...
and when I dream I'll dream again the dream I
dreamed with you ...

the sound of evening in the shadowed hill
but in the dead of night there rose a winter sun
and knowing love, we played with love and loved alone
and lost the timeless happiness we both begun

and while I live I will re-live the life I lived with you ...
and when I dream I'll dream again the dream I
dreamed with you ...

I think of lonely in an empty room
but on the lifeless bed the ghosts of nothing move
and I can touch the memories of yesterday
and make believe the future is in what is proved

and while I live I will re-live the life I lived with you ...
and when I dream I'll dream again the dream I
dreamed with you ...

Ghosts of Nothing Lie

Standing on my native shore
soaking sorrows in the rain,
only looking back once more,
one more time again.
They made her lie against her will,
they changed her face but did not see her dying.

The ghost of Solva's haunting me,
I cry for her, for I am free
and she is captive

GHOSTS OF SOLVA

Mirrored in the tearful eye
she sighs, a seagull cries her pain,
sunset sailing boats float by
one more time again.
The dealers who have sold her fields,
like shackled slaves she yields, but she is pining.

I sing for her my saddest song,
sleep sweetly in her grass and grain,
I'll cast my echoes in the sea
one last time again.
The fish that swim her river bed
whisper farewell for she is dead and we are dying.

The ghost of Solva's haunting me,
I cry for her, for I am free
and she is captive

Rose Cottage Solva 1967.

Took a walk down your city street
Took a stroll at nightime
Drank my fill of your good-time dream
Now I don't understand at all

    No, I don't understand at all any more
No, I don't understand at all
    Well, I don't understand at all, that's for sure
No, I don't understand at all

I DON'T
UNDERSTAND AT ALL

Read the cards but the deck was wild
Man, you just kept on running
A Royal Flush took my prile of Queens
I should've seen it coming

    No, I don't understand at all any more
No, I don't understand at all
    No, I don't understand at all, that's for sure
No, I don't understand at all

A Full House beat a pair of Threes
Played like a gambler's daughter
And my eyes that could not see
Were just mirrors of your fantasy

    Well, I don't understand at all any more
No, I don't understand at all
    Well, I don't understand at all, that's for sure
No, I don't understand at all

When I woke up in the blue of dawn
Another day of sorrow
I'd rather sleep that endless sleep
If you're not here tomorrow

    No, I don't understand at all any more
No, I don't understand at all
    No, I don't understand at all, that's for sure
No, I don't understand at all ...

                ... no, I don't

Wunden 1968.

O ffarwél, mae'n fore braf
o ffarwél i chi
awn heddiw i ffwrdd ar y Tarpon
dan donnau oer y lli

    Brysiwch, mae'n rhaid ymadael
    hiraeth a lenwa 'mron
    awn heddiw i ffwrdd ar y Tarpon
    yn isel o dan y don

Yn nhafarn glyd y pentre bach
ei arian roes i'w ffrind
"Wel yfwch lan, a iechyd da!
I ryfel mae'n rhaid mynd."

CÂN WALTER

Cofleidiodd ei rieni
ei chwaer a'i ffrindiau i gyd
"Ni welaf fyth 'mo Solfa mwy
o fynd i bellter byd."

O fewn y mis y postmon ddaeth
â llythyr at ei dad
bu farw Walter o dan y môr
"Bu farw dros ei wlad"

    Brysiwch, mae'n rhaid ymadael
    hiraeth a lenwa 'mron
    awn heddiw i ffwrdd ar y Tarpon
    yn isel o dan y don

Ond dof yn ôl

Tryweryn

Mae'r blodau yn yr ardd yn hardd
Mae'r rhosyn ger y drws yn dlws
Ond nid yw'r blodau'n tyfu nawr
Mewn tir o dan y creigiau mawr

Dŵr oer sy'n cysgu yn Nhryweryn

TRYWERYN

Mae'r dŵr uwchben fy nhŷ yn ddu
Mae'r pysgod yn y llyn yn wyn
Ond nid yw'r blodau'n tyfu nawr
Mewn tir o dan y creigiau mawr

Dŵr oer sy'n cysgu yn Nhryweryn

Mae'r blodau'n tyfu 'nal
Mae'r dail yn cwympo i lawr
Mae'r bobol wedi mynd
Mae'r blodau ar y llawr

Dŵr oer sy'n cysgu yn Nhryweryn ...

i Goﬀ Cwm Celyn.

Rose cottage 1967.

Yn hwyr, fe ddringais fryn unigrwydd tal
ac edrych draw lle mynnwn weld
rhai uwch fy mhen, adenydd rhyfel erch
yn taflu'r bysedd tân at galon serch

Dan gymylau du mor llawn o boen
ym meysydd mud roedd plant a'u sŵn
o dan gymylau du mor llawn o boen

Yn hwyr, fe ddringaf fryn, yn wir
a gweld y niwl yn cuddio'r tir
af ar fy nglin, rhof weddi fwyn
uwch beddau du di-blant a'u swyn

BRYN UNIGRWYDD

O dan gymylau du mor llawn o boen
ym meysydd mud roedd plant a'u swyn
o dan gymylau du mor llawn o boen

Cymylau ddaw i lanw'r nen
ar eni'r bach daw'r hen i ben
am hedd a hoen fe boenwyd mwy
daw dyn a'i arch, ni ddysgant fwy

O dan gymylau du mor llawn o boen
ym meysydd mud roedd plant a'u swyn
o dan gymylau du mor llawn o boen

Rhyw ddydd, mi wn, fe dyr y wawr
a gwelaf haul y Crëwr mawr
fe af yn ôl a dringo'r bryn
i weld y plant mewn byd o hoen

O dan gymylau du mor llawn o boen
ym meysydd mud roedd plant a'u swyn
o dan gymylau du mor llawn o boen

'The Vulture + the Dove.
Cyfieithiad Hywel Gwynfryn.

Ar draws y dyffryn mi glywaf grawc y frân
Er bo fi'n ifanc, mi losgir yn y tân
Mae'r eryr uwch fy mhen yn hofran yn y gwynt
Mae'r gwaed yn caledu, marwolaeth ddaw ynghynt

Oes mae 'na eryr a cholomen ddof
Ond mae 'na drais a cham cyn cof

YR ERYR A'R GOLOMEN

Addysg prifysgol, does gen i ddim, mae'n wir
Ond dysgais ormod am fywyd, dyna'r gwir
Does neb yn malio dim ond sefyll ar ei draed
Ac eto, yn Fietnam mae'r bwled, bedd a'r gwaed

Oes mae 'na eryr a cholomen ddof
Ond mae 'na drais a cham cyn cof

Ond mae 'na harddwch yn nhywyll liw ei chroen
Ble'r aeth yr harddwch? Crebachwyd ef gan boen
Cartrefi'n llosgi'n fflam a'r fam a'r plant yn fud
Y tad yn gorff mewn ffos a'r bomio'n siglo'r crud

Oes mae 'na eryr a cholomen ddof
Ond mae 'na drais a cham cyn cof

Ti wleidydd dwl yn dy wely plu
Oni elli deimlo yr hyn a deimlaf i?
Dim gyda'th siarad gwag elli di wneud y cam yn llai
Ac arnat ti a'th debyg, gyfaill, mae y bai

Oes mae 'na eryr a cholomen ddof
Ond mae 'na drais a cham cyn cof

Yng nghanol nos mor ddu ac oer,
mi gysgais drwm mewn gwely dail.
Uwch fy mhen y sêr a'r lloer
yn aros am y dydd a'r haul.

Ble mae'r bore?
Bore braf.
Ble mae'r wennol?
Ble mae'r haf?

Marchogion dieithr ar y traeth,
rhywun yn canu utgorn aur.
Milwr a'i gleddyf, bwa a saeth,
tyrfaoedd mawr mewn coed a'r gwair.

BLE MAE'R BORE?

Ble mae'r bore?
Bore braf.
Ble mae'r wennol?
Ble mae'r haf?

Ymhell dros y wlad, cymylau llwyd,
goleuni llucheden ar y bryn.
Pobl ar goll heb ddŵr na bwyd.
Mi welais mewn cwsg y pethau hyn.

Ble mae'r bore?
Bore braf.
Ble mae'r wennol?
Ble mae'r haf?

Cyfieithiad gan Hywel Gwynfryn,
o un anghrawon cynhariawn.
Rose Cottage Solva. 1967.

Nid wyf am win dy gusan di,
yfed wnawn o boen a thristwch.
Sut ferch wyt ti sy'n caniatáu
goleuni a thywyllwch?

OND DOF YN ÔL

A mynd a wnaf ar daith i'r sêr.
Try yr haul yn law.
Ond dof yn ôl rhyw ddydd, yn ôl,
a chaf afael yn dy law.

Er i ti fynd, rwyt gyda mi,
fe deimlaf las – beth sydd
yn peri fod y dagrau hallt
yn disgyn ar fy ngrudd?

Ond mynd a wnaf ar daith i'r sêr.
Try yr haul yn law.
Ond dof yn ôl rhyw ddydd, yn ôl,
a chaf afael yn dy law.

Tlysni'r bore wyt ti i mi,
a gwell na pherlau'r byd.
Ond os wyt am fy ngharu i
mae'r pris, fy merch, yn ddrud.

A mynd a wnaf ar daith i'r sêr.
Try yr haul yn law.
Ond dof yn ôl rhyw ddydd, yn ôl,
a chaf afael yn dy law.

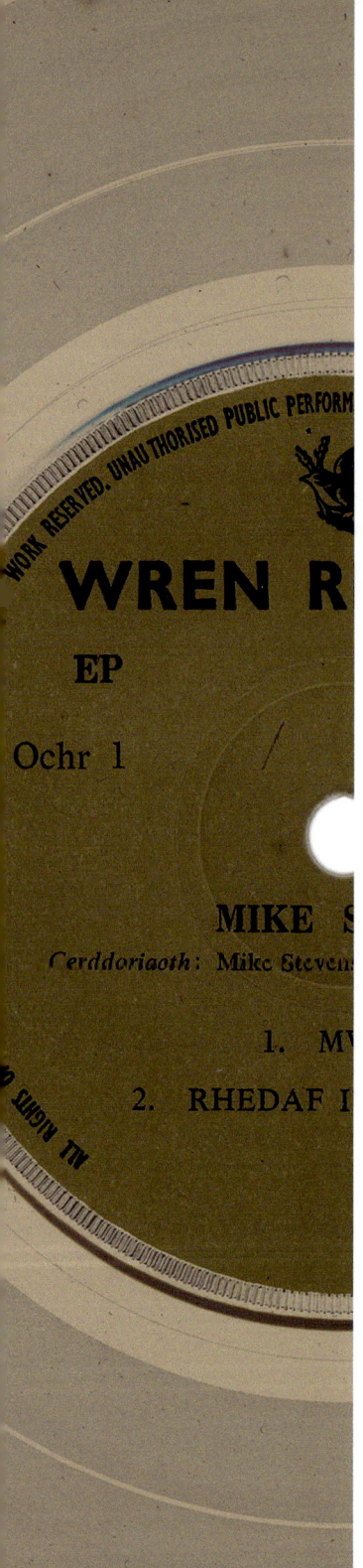

WREN R

EP

Ochr 1

MIKE S

Cerddoriaeth: Mike Stevens

1. M

2. RHEDAF I

Mwg sy'n codi dros y to.
Mwg, mae'r tanau'n llosgi glo.
Mwg sy'n ddu a dall a drwg.
Beth wnaf i yma yn y mwg?

Sut ganwyd yma'r anialwch llwyd
o groth diwydiant heb rawn o nwyd?
Gwrandewch ar sŵn y borfa drist
yn sisial enw Iesu Grist.

MWG

Am beth yr adeiladwyd tre
sy'n uffern anferth yn y de?
Am gyfoeth, fe ddywedwch chi.
Wel, ble mae'r arian? Dim gen i.

Âf allan yn glou drwy'r mwg a'r baw
heb falio dim am oerni'r glaw.
Hances o fwg yn siglo'n wen,
hances o fwg yn fry uwchben.

Mwg sy'n codi dros y to.
Mwg, mae'r tanau'n llosgi glo.
Mwg sy'n ddu a dall a drwg.
Beth wnaf i yma yn y mwg?

O'r Opera rock 'Mwg) HTV.

Rhedaf i'r mynydd,
credaf mae'r amser wedi dod,
rhedaf o'r dur a'r haearn,
rhedaf o'r pyllau glo.

Dihunais i yn fore
yn ceisio gweld yr haul,
ond dim ond mwg oedd yna'n
llygru'r tir a'r dail.

RHEDAF I'R MYNYDD

Rhedaf i'r mynydd,
credaf mae'r amser wedi dod,
rhedaf i'r mynydd …

Rhedeg wnaf o'r strydoedd llwyd
i ble mae'r tir yn las,
ymhell o sŵn peiriannau mawr
sy'n creu pob dyn yn was.

Rhedaf i'r mynydd,
credaf mae'r amser wedi dod,
rhedaf o'r dur a'r haearn,
rhedaf o'r pyllau glo.

MYFI YW'R DECHREUAD

Myfi yw'r dechreuad, myfi yw'r gair.
Fy nghorff yw'r tir a'r coed a'r dail.
Fy ngwallt yw'r gwair ...

Myfi a ddaeth i roi fy ngofal drosot ti
gan estyn fy mreichiau dwyfol drosot ti.
Myfi a fydd yma ar ôl y diwedd.

Tyrd ar fy ôl,
o, lanc diniwed ...

O'r Opera Roc 'Mwg' HTV 1968·9.

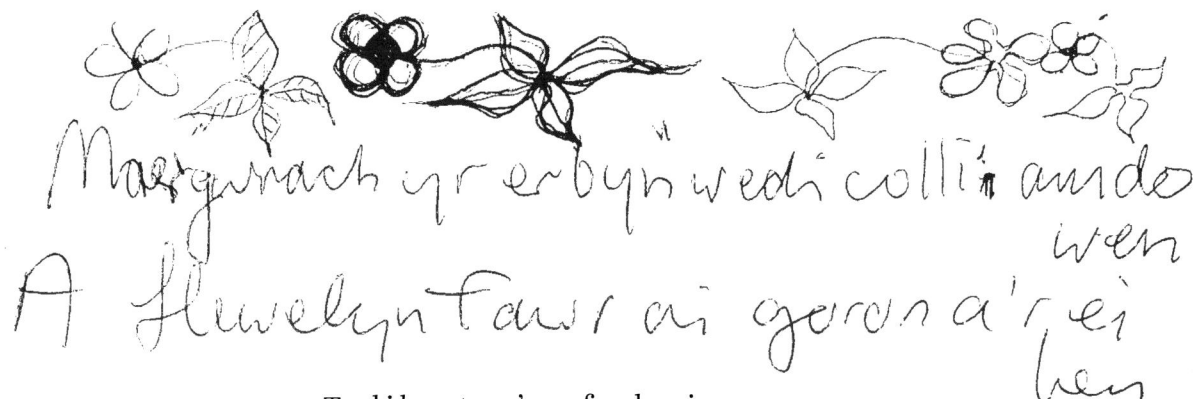

Mae gwrach yr erbyn wedi colli'n amdo wen
A Llewelyn Fawr ai goron a'r ei ben

Tyrd i lawr trwy'r ogof gyda mi.
Tyrd i lawr i wlad dirgelwch o fewn y tir.
Dyna lle mae cartref hedd a chariad pur.
Fe fydd dewrion yn gofalu drosot ti.

Yna gorweddai Arthur yn y graig.
Yna cysgodai Blodeuwedd dan y dail.
Yna cysgai arglwyddau'r plasau mawr.
Yna mae'r dewin Myrddin gyda'i ddraig.

TYRD I LAWR TRWY'R OGOF

Mae gwrach y rhibyn wedi colli ei hamdo wen.
A Llywelyn Fawr a'i goron ar ei ben.
Nid yw angau byth yn treiddio trwy y drws.
Tragwyddol yw bywyd yma ac yn glyd.

Tyrd i lawr trwy'r ogof gyda mi
Tyrd i lawr i wlad dirgelwch o fewn y tir.
Dyna lle mae cartref hedd a chariad pur.
Fe fydd dewrion yn gofalu drosot ti.

Or Opera Roc 'Mwg' HTV

Nid oes un gwydr ffenestr yn nhywyllwch amser hir,
ond gwêl y llygaid porffor-glas bob un symudiad dros y tir.

Nid oes un gorwel gwresog heb dirion wlad o dani,
na haul sydd ar ôl terfyn dydd yn suddo'n ôl i'w wely.

Ni wyddais y dechreuad, y nos ni ddaeth erioed,
mae'r gwreiddiau byth yn sathru lawr y dail sy'n lliwio brigau'r coed.

NID OES UN
GWYDR FFENESTR

Mi wn i chwedlau'r heniaith am Arthur yn cysgu'n drwm,
a'i holl farchogion yn aros byth, eu harfau'n llym i ddihuno'n syth.

Gŵyr yn iawn y brenin a'r doethion yn eu cwsg
fod gelynion rhyfedd yn y byd a nerth estronol yn eu mysg.

Mae harddwyn gleddyf Arthur yn faner cryf o hyd,
a yw grym ei bicell dur yn gryf i drechu'r drygioni i gyd?

Nid oes un gwydr ffenestr yn nhywyllwch amser hir,
ond gwêl y llygaid porffor-glas bob un symudiad dros y tir.

Opera Roc 'Mwg'.

RHYDDID FFUG

Offrwm chwerthinllyd ydyw hwn
Glesni'r wlad ar draws pob cwm
Einioes yn aros amdanom ni
Dallineb cwsg sy'n y gwyn a du
    Rhyddid ffug sydd gennym
    Rhyddid ffug sydd gennym
Yng ngharchar du ein gwlad
Blaenoriaid diofal yn ein ffydd
Dacw'r Saeson yn ein mysg
Gwers ein hanes yn pwyso'n drwm
Gwaed a glo yn y cwm
    Rhyddid ffug sydd gennym
    Rhyddid ffug sydd gennym
Yng ngharchar du ein gwlad ...

oes rhywun yna yn cysgu mewn distawrwydd?
o clyw dy anadl, awelon uwch na'r mynydd
safwn yn dawel ger dy ddrws, teimlo hedd dy gariad tlws
safwn yn dawel ger dy ddrws, gwelwn hedd tangnefedd

OES RHYWUN YNA?

bydd eto cwrdd ar derfyn ein breuddwydion
o unig anadl, dychweliad cof heb foddion
safwn yn dawel ger dy ddrws, teimlo hedd dy gariad tlws
safwn yn dawel ger dy ddrws, gwelwn hedd tangnefedd

mae'n rhaid dihuno cariad, o ddyfnder dy freuddwydion
i'th amgylchiadau llwydion o'n paradwys fythol dlws

cawn ddysgu gwers gan dduwiau y gorffennol
o wawr ddiderfyn mewn hunllef byd anfodlon
tywyna'r haul aruwch bob dydd, yng nghwmwl mwg y byddwn rydd
tywyna'r haul ymlaen bob dydd, ystyfnig aur y byddwn

oes rhywun yna yn cysgu mewn distawrwydd?
o clyw dy anadl, awelon uwch na'r mynydd
safwn yn dawel ger dy ddrws, teimlo hedd dy gariad tlws
safwn yn dawel ger dy ddrws, gwelwn hedd tangnefedd

Glaw yn y dail,
mae'r dydd mor wlyb
ond dyma'r haul

Haf yn dod i'w ben
adar yn crynu
ar y pren

Mae'r hydref lliwiog yn dod cyn gaeaf ...
y nos heb loer mor ddu ac oer

GLAW YN Y DAIL

Glaw yn y dail,
bydd eira'n disgyn
cyn bo hir

Blodyn yr haf
yn troi fel teithiwr
ar draws y tir

Mae'r hydref lliwiog yn dod cyn gaeaf ...
y nos heb loer mor ddu ac oer

Glaw yn y dail,
mae'r dydd mor wlyb
ond dyma'r haul

Haf yn dod i'w ben
adar yn crynu
ar y pren

Mae'r hydref lliwiog yn dod cyn gaeaf ...
y nos heb loer mor ddu ac oer

Walking through the fields
Does your boot crush
The fields' green weeds
Before your eye has seen
The flowery beauty of its crown?

When you cross a rushing stream
Flowing into a calming pool
Do you sit in it
To see the trout swift dart
Or do you hear the music lulled in calm?

IS IT TRUE?

In the air's sweet quiet
Atop a high and lonely hill
Does the silent music in the air
Kiss and carry you
High and ever higher still?

Is it far too much, my friends
For senses' eyes to be
Smitten fairly with these
Beauties in this world?
Are you content to die
And hope to see them in another?

the sun is out,
the moon is down
the light is fading
in the town
without you here
I can't go on
alone I lie and sing a song
of sadness
in a mist of words
and in my silent
sleep was heard
a mad child crying
to the moon
alone I lie and sing a song
of sadness

in calm. # SONG OF SADNESS

countless days have past
gone flashing by
never stop to watch
and hear me cry
but now I know
my chance has gone
the love I had
is lost and gone
and hopelessly
I must go on
alone I lie and sing a song
of sadness

Mancenion 1965.

sing a song of sadness
like a prayer
sing a song of sadness when
your baby isn't there

alone I lie and sing a song of sadness

LAN A LAWR

Lan a lawr, lan a lawr,
yn yr awyr, ar y llawr.
Mi wylaf am y ddirgel haf.
Aur yr heulwen, dŵr y wawr,
lan a lawr, lan a lawr.

Beth yw'r llais mor swynol
sy'n canu yn y cwm?

Ni chlywais gân mor esmwyth,
roedd gennyf galon drom.

Lan a lawr, lan a lawr,
yn yr awyr, ar y llawr.
Mi wylaf am y ddirgel haf.
Aur yr heulwen, dŵr y wawr,
lan a lawr, lan a lawr.

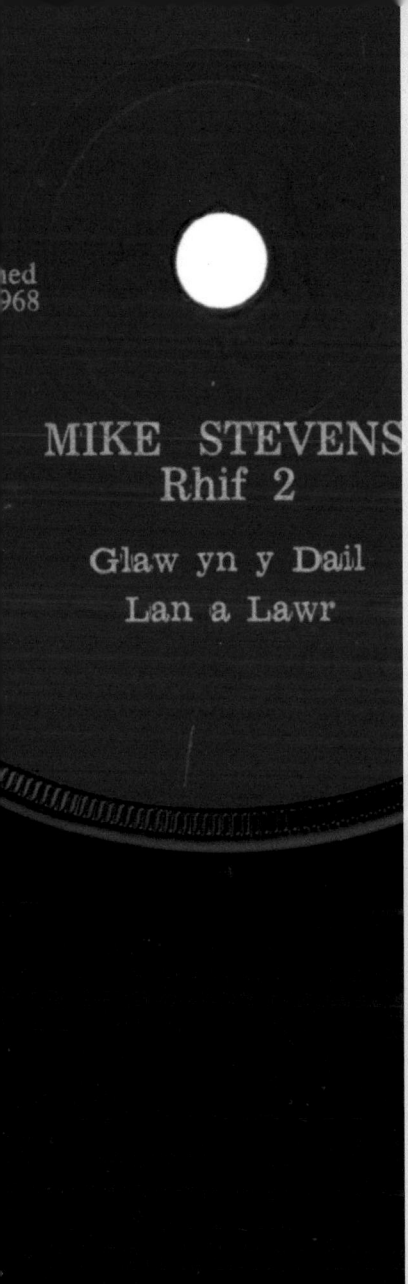

MIKE STEVENS
Rhif 2

Glaw yn y Dail
Lan a Lawr

45

WRE 1053

Es yn fore tua'r coed,
mi welais afon las

O dan y dail rhyw frenin mawr
yn bwyta gyda'i was.

Lan a lawr, lan a lawr,
yn yr awyr, ar y llawr.
Mi wylaf am y ddirgel haf.
Aur yr heulwen, dŵr y wawr,
lan a lawr, lan a lawr.

Edrychais yn yr afon,
a rhwng y cerrig crwn.

Llyswaden wen fel arian,
a seren ar ei bron.

Lan a lawr, lan a lawr,
yn yr awyr, ar y llawr.
Mi wylaf am y ddirgel haf.
Aur yr heulwen, dŵr y wawr,
lan a lawr, lan a lawr.

Cân y Bugail

Mae cwmwl ar Gader Idris.
Mae cychod ar lyn y Bala.
Y gwynt sy'n chwythu dros y Berwyn tal,
mae'n chwythu mor ysmala.

Ond dydy'r bugail ddim ar y bryniau mwy,
fe aeth ymaith o Drawsfynydd.
Wedi mynd mae bardd y Gadair Ddu
i ymladd yn y ffosydd.

CÂN Y BUGAIL

Yn Aberdyfi mae'r môr yn las,
tonnau tal a'r traethau.
Ac yn y caeau ffermwyr sydd
yn gweithio drwy'r tymhorau.

Yn Ffestiniog, chwarelwyr blin,
y llechi llwyd a'r domen.
Ac yn Nhrawsfynydd ar lan y llyn
mae'r atomfa fawr a'i thrydan.

Ond dydy'r bugail ddim ar y bryniau mwy,
fe aeth ymaith o Drawsfynydd.
Wedi mynd mae bardd y Gadair Ddu
i ymladd yn y ffosydd.

O nyni sy'n caru Cymru
O nyni sy'n caru'n gwlad
O nyni yw plant y bryniau
O Gaerdydd i Aber-mad

Oni glywch y lleisiau'n canu'n glaer
Mor bur a thlos a glân?
Mae pobol Cymru'n medru canu'n
Well na'r adar mân

Nid oes un wlad ar draws y byd
Lle mae'r merched o! mor dlos
A llanciau dewr tafarndai clyd
Yn canu ar hyd y nos

CARU CYMRU

Fe rown barch i'n rhieni
Am ein dysgu ni mor dda
Awn yn fuan at y capel
Ar ddydd Sul a'r gymanfa

O mae pethau mawr i ddyfod
Yn ein cartref bach mor gul
Ry'n ni'n aelod brwd o'r Blaid a'r Urdd
Depending how we feel

O nyni sy'n caru Cymru
O nyni sy'n caru'n gwlad
O nyni yw plant y bryniau
O Gaerdydd i Aber-mad

o, go dda, go dda, unwaith eto 'te bois!

un, dau, tri …

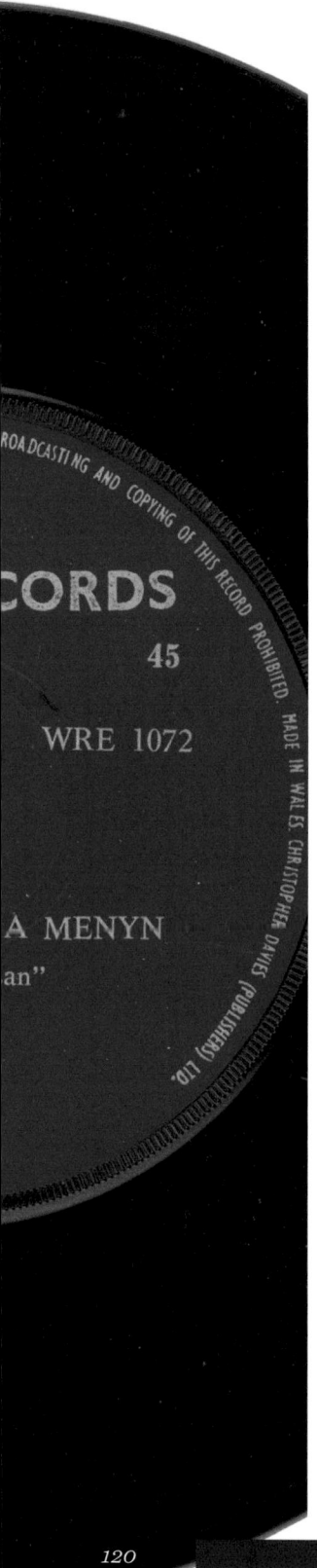

Dyma ni'n canu caneuon i chi,
tybed a welsoch chi ar y TV?
Does dim ots o gwbwl am ystyr gen i,
a dyma ni'n canu nhw eto i chi

oi!

    Di'nwch lan, di'nwch lan,
pobun wrth ei fodd!
    Pobun o! mor hapus nawr
   mae'r gwanwyn wedi dod!

DI'NWCH LAN

Roeddwn i wrth borth y castell,
mi gurais wrth y drws.
Ni wyddwn i ble'r oeddwn,
yng Nghaernarfon neu Lanrwst!
Daeth sarjiant mawr â bola tew
gan regi lond ei ben.
"O, diolch i ti," dwedais i,
a dwedais i "Amen!"

    Nawr 'te, di'nwch lan, di'nwch lan,
pobun wrth ei fodd!
    Pobun o! mor hapus nawr
   mae'r gwanwyn wedi dod!

Pan o'n i ar fy ngwylie
fe es i ddal y trên,
ar ôl wythnos wlyb yn Clacton-upon-Sea
o'n i'n teimlo braidd yn hen!
Mae hiraeth am fy nghartref

yn poeni 'nghalon i,
mae Clacton mwy fel Siberia
o! ych-a-ych-a-fi!

Nawr 'te, di'nwch lan, di'nwch lan,
pobun wrth ei fodd!
Pobun o! mor hapus nawr
mae'r gwanwyn wedi dod!

odi nawr! ew bendigedig! brrrrrr!
bondibethma!

Pan gofynnais i am docyn
i 'nghartref, Nant y Cwm,
"Will you say that name again?
My hearing's rather trwm!"
Fe swniai e fel Cymro,
"Y'ch chi'n siarad iaith eich mam?"
"Maen nhw wedi cau y stesion lawr ..."
A dwedais i, "Goddam!"

Di'nwch lan, di'nwch lan,
pobun wrth ei fodd!
Pobun o! mor hapus nawr
mae'r gwanwyn wedi dod!

Unwaith eto nawr!

Di'nwch lan, di'nwch lan,
pobun wrth ei fodd!
Pobun o! mor hapus nawr
mae'r gwanwyn wedi dod!

Mae'r gwanwyn wedi dod!

Mae'r cychod yn y bae yn crynu
Mae'r pysgod yn y culfor wedi boddi
Mae'r morwr yn y lleuad wedi meddwi
Rwy'n disgwyl rhywbeth gwell i ddod ...

RHYWBETH GWELL I DDOD

Rwy'n dy weld di yn y cerrig, merch y mynydd
Ac mae hiraeth yn fy nghalon i'th gofleidio
Rwyf yma nawr a thithau yn fy ngalw
Ac ar dy lais mor swynol rwyf yn gwrando

Mor ingol yw yr hydref yn ei losgi
Mor unig yw yr hirnos heb dy gwmni
Mor gyfriniol yw yr ysbryd sy'n fy mhoeni
Rwy'n disgwyl rhywbeth gwell i ddod ...

Meic Stevens / Geraint Jarman

A tombstone is the doorway to my room
She came, the night was darkly drifting through
All alone was I, and what to do?
We slowly stripped our clothes off in the gloom

I swore I smelt some sadness on the air
As I was feeling her she was not there
Her iris out of focus, I felt small
Sensing thought, she's not here at all

ONE NIGHT WONDER

A heavy panic, breathing, flooding down the avenues
Softly, softly blood was streaming in some scarlet latitudes
My love, my love, with a voice said very loud ...

...

A tombstone is the doorway to my room
She came, the night was darkly drifting through
The sad thing was we did not even care
All that had passed was not even there

... for all that had passed was not even there

la la lalalala lalala lalala la ...

Sun don't shine in the coal mine
Send for a bottle of whisky
We got cash, but the coal gas
Makes smoking kinda risky
A man in red flannel drawers
Is trying to fool your daughter
Only lonely Great Houdini
Expert tightrope walker

la la lalalala lalala lalala la ...

THE GREAT HOUDINI

Out of your mind, you will find
A secret passage in the water closet
You might say it's to the USA
And someone's safe deposit
But words and wisdom is all fine
Come hell or come high water
Only lonely Great Houdini
Expert tightrope walker

la la lalalala lalala lalala la ...

The night was blacker than the King of Spades
Mumbling in the morning
The mad magician called too late
On the telephone a warning
But I can't find my way inside
Or out of all this laughter
Only lonely Great Houdini
Expert tightrope walker

la la lalalala lalala lalala la ...

Where have all my people gone?
What is left to return to?
Why is right and where is wrong?
They are some gone, one gone, long gone away ...

There is green along the valley,
Still the cows come home
And the farmhouse is still standing
'til the cows come home

Where have all my people gone?
What is left to return to?
Why is right and where is wrong?
They are some gone, one gone, long gone away ...

WHERE HAVE ALL MY PEOPLE GONE?

Tens of acres join the hundreds
And the olden ways die
And the offspring seldom wonder
Where their fathers lie

Where have all my people gone?
What is left to return to?
Why is right and where is wrong?
They are some gone, one gone, long gone away ...

Outlander. Rose Cottage '67.

Rowena, she's afire, someone down the road is stoking it
She can't burn much higher, if you don't believe me wait a bit
And I'll tell you a tale, but the words will never fail
Rowena coming softly through a maze with you

ROWENA

Fantasy, my eyes uncontrolled tell no lies
Nervous twitching stilled unfettered by will
You meet me in the past, ah but the passage back is blocked
Rowena coming softly through a maze with you

Moonface makes a silver steeple bell she rings for me
Shivering in the night, her velvet bowl bequeathed delight
Emasculated men like shadow people run
Sweet Rowena coming softly through a maze with you

I would not ask a wish of you,
it would only bring you sorrow.
Turn my face from today
again until tomorrow.

But I will walk and I will run,
you know I'm gonna have my fun.
And I will stay and I will pray for you,
you are my only one.

When she is gone she still remains,
she leaves a sigh behind.
I drink my tears to soothe the pain
that lingers in my mind.

LOVE OWED

But I will walk and I will run,
you know I'm gonna have my fun.
And I will stay and I will pray for you,
you are my only one.

Tragic magic's her spell,
and in her breath I drown.
I thirst for water from her well
to lie within her ground.

But I will walk and I will run,
you know I'm gonna have my fun.
And I will stay and I will pray for you,
you are my only one.

Outlander.   Rose Cottage Solva 67.

Oh the light was the flickering candle between our eyes
And the night took the cigarette smoke by surprise
On the floor the tangled weeds of romance lay rotting away
In the left over time tomorrow became today

In the striking of a light we were balanced in the hands of time
There was nothing left somehow we had to make these moments rhyme
But the postage stamp danced on "Stop feeling that!" somebody'd say
In the left over time tomorrow became today

LEFT OVER TIME

I remember how I saw you coming softly through the nights and days
But the cognac flames of crepe-suzette have burned the space between away
Professionals et cetera entertained themselves within their clouds of grey,
what could I say?

In the left over time tomorrow became today

Outlander 68-69, (Rose Cottage Solva)

The first month of her absence I was numb and sick
Lying by myself
The second week she was gone, I knew I couldn't go on
Lying to myself, she'll be back in the morning
At the dawning of some sweet-scented silken-flowered love

LYING TO MYSELF

All the while she dressed in style
She was endless for the tin car-creeping johns
She wore a Mary Quant dress to impress
The creeps upon the streets she walked upon
(Not me, in the morning)
At the dawning of some sweet-scented silken-flowered love

Now silent messages float down
From the ghosts that lie above the town
They try so hard, but they can't get through
For them there is nothing – merely things
But even paint has substance too! Splash the morning
At the dawning of some sweet-scented silken-flowered love

Rose Cottage Solva 87. 'Outlander'

Full fine and fair
There is a girl
Both love and lilacs in her hair
Her love to me she's giving

Full far and wide
Where the winds begin
And the shipwrecked sailor drinking gin
Singing shanty songs of honour
The sailor called my love Madonna

THE SAILOR AND MADONNA

The sailor was at the wet front door
Around him hung red roses
And in his hand the staff of life
Alas I was not Moses

Like the southwest wind she did ride
Her red horse through the winter
The hoar frost melted where they trod
And the diamond ice did splinter

I love my lover and my child
And they love me together
And like the waves of the morning tide
We'll pray for better weather

Arloder 'Rose Cottage' Solva.

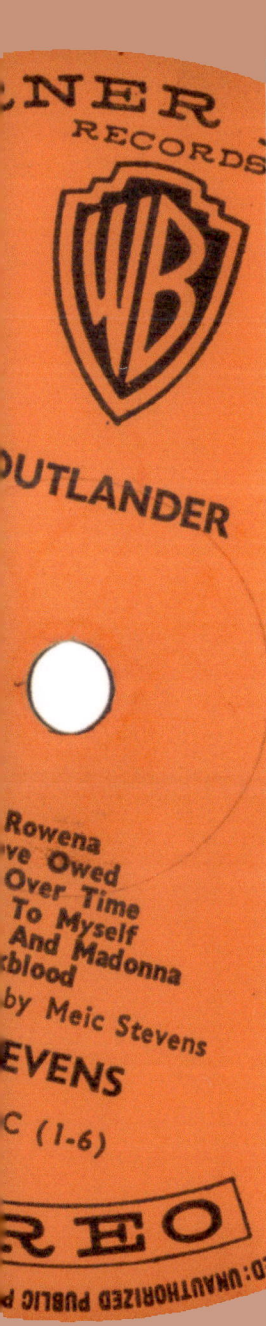

Lol o Caeforiog 1968.

OX BLOOD

Ox blood makes u feel good
It's the only thing that could

I got my face in space feet in the mud
Gimme some ox blood

Now I don't need nothin' for to get me high
Just gimme a piece of your ox blood pie

When Love's scented breeze blows blossoms in my eyes.
Silks and sorrows.
Amber embers in the salt mines of my mind
Fade tomorrow.
Tomorrow's jewelled dawn the frozen beauty spawned
The sun alive, rises in the orange petal sky.

YORRIC

Alas Yorric he is dead – poisoned sweetly
Lying long he breathes flowers and beauty from his bed
Lives completely.
Safe from the rapist hands of Time
The fire sparks – echoes of a billion breaking hearts.

Hallucinations in a universe of sand
Space lies trembling
In mirages of dimension-coloured hands waters bubbling
Bubbling fountains from the eyes
Of blinded lords, graven in the white heat of the forge.

Stolen snatches crumbled midnight in a mood
"Effervescent"
Blood blue tempests swiftly caputured and subdued
Weep fluorescent.
Caught in the bat-web-wing of Fate
A symphony –
Rubber leaves that melt from plastic trees.

Laser lights that split the spinning prism again
The velvet blackness
Spoils my purple dream with images of men.
A priceless necklace.
Royal jewels knotted at the throats of strangled queens
Are soon cut loose.
Hangmen go their way to spend the noose.

Midnight comes, blues go on the run
In the streets the people meet
Beneath the neon sun

MIDNIGHT COMES

Time drags by: someone sighs:
Babes are born in the dawn
Blue sky eyes

A million Wongs, beat rubber gongs
Lonely Randal, lights his candle
Hums a song
Some Buddhist monk is gutter drunk
His mystery's gone
Something's fading, seems degrading
What went wrong?

Outlander. Siemais yn Solva 67.

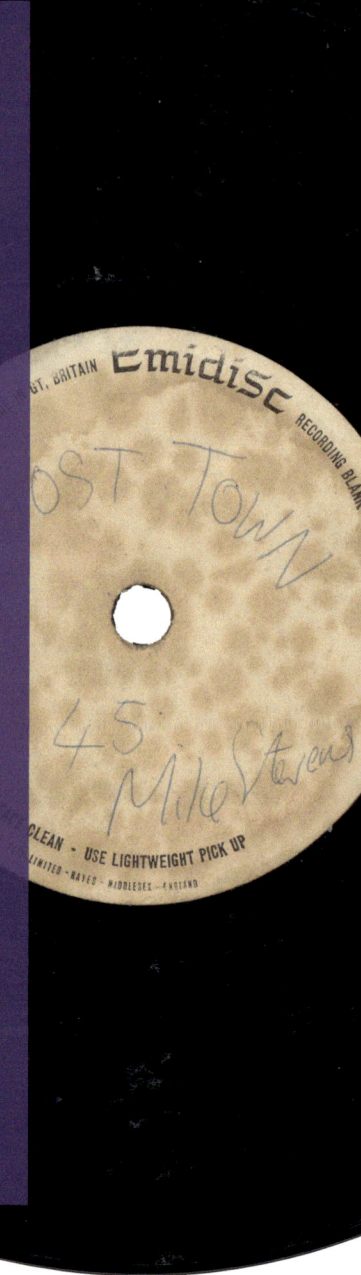

Why are the sidewalks green in a ghost town
No one has ever been in a ghost town
I see my look in my eyes in a window pane
The sun shines hot but I feel the rain

Across the dust-smoke desert sea
Fly the haunting nightmare scream
It's nothing really nothing but mid-day
Dreaming in a ghost town

GHOST TOWN

Be in the nowhere place of the ghost town
Cactus and mescaline run the ghost town
I wipe my sweating face with a dirty hand
Rotting wood cracks beneath my stand

I hear the silence of past in the ghost town
Echoes of lives and loves in the ghost town
Night comes across the mountains creeping
See now the lips of evening kissing

I hear the nothing sound in the ghost town
Night fell a frost white on the ground
All souls came back to earth in an instant
I danced alone with them in the twilight.

Rose Cottage Prengas Sotfa. 1967.
o' LP. 'Outlander!

Somebody stole the railroad line, it'll take 'em long to find out
Me, I was ridin' on the five-nine, I never know'd I was heading for the drop-out
Oo-ee! the CID is askin' me
I don't know, tell me where the rail tracks go!

Somebody stole the railroad line, isn't it a disgrace?
"Engine to the bed" said the fireman in the shed, there's a frown on the
stationmaster's face

Oo-ee! the CID is askin' me
I keep on tellin' 'em I don't know, tell me where the rail tracks go!

Somebody stole the railroad line, now I've got a guilty smile
Man, they searched his head and underneath the bed, looking for the missing miles
Oo-ee! Special Branch is askin' me
I keep on tellin' 'em I don't know, tell me where the railroad go!

RAILROAD LINE

You know the cops can't catch the criminals, somebody must go to jail
For the thievingly lunatic philosophy, or fifteen months for British Rail
Oo-ee! the CID is askin' me
I keep on tellin' 'em I don't know, tell me where the rail tracks go!

Somebody stole that railroad line, it'll take 'em long to find out
Me, I was ridin' on the five-nine, I never know'd I was heading for the drop-out
Oo-ee! Special Branch is askin' me
I don't know, tell me where the rail tracks go!

I don't know!

Standin' on the hillside
Just about the break of day
Old Joe Blind pushed me in the river
And washed my fears away

Go Papa go, no Mama no
Old Joe Blind came up behind
Gave me a ticket to go

Down to the mighty river
I'm gonna sail on the seven seas
I was the son of Mama and Papa
But Joe Blind set me free

BALLAD OF OLD JOE BLIND

I was up on the roof at midnight
Howlin' at the moon
Fixin' to score, while Blind Joe snores
I know we're gonna get there soon

Won't you give me that Trotsky icepick
I know it was his favourite one
Oh but how can you lie down in Mexico
It's such a guilty sun

I know that when I grow up and down again
Tryin' to get some sense
Old Joe Blind's gonna come up behind
And show me the hole in the fence.

Is someone sleeping safe within the stillness?
Wraiths of the breathless clouds, I'm the only witness.
I will stand beside your door, moments stay for ever more.
I will stand beside your door, sweet blue sleep is holy.

Sometimes the spiral picture of your night dream
flashed out the past to pierce the future's smokescreen.
I will stand beside your door, moments stay for ever more.
I will stand beside your door, sweet blue sleep is holy.

BLUE SLEEP

It's time to wake from dreaming.
Your lover waits here weeping,
so leave the nightmares creepin'
through catacombs of night.

Now is the time, your face reflects the sunlight
shining through curtains drawn to shield you
                                    from the night fright.
But I will stand beside your door, moments stay for ever more.
I will stand beside your door, sweet blue sleep is holy.

Rose Cottage 1967
'lol' ~~Caerdydd 69~~

la la lalalala lalala lalala la ...

Ni wena'r haul yn y pwll glo,
beth am botel o gwrw?
Mae gen i bres ond mae'r mwg a'r tes
yn troi pob un yn feddw!

Mor unig ar y llinyn tynn yn troedio'r eangderau,
dim ond fi y Brawd Houdini'n cerdded lan i'r nefoedd ...

la la lalalala lalala lalala la ...

Y BRAWD HOUDINI

Roedd y nos mor ddu acha brenin y dall
yn crawcian yn y bore!
A'r dewin dwl ar y teleffôn
yn ceisio gwneud ei ore!

A minnau'n methu gweld tu fewn neu mas o'r byd a'i chwerthin,
dim ond fi y Brawd Houdini'n cerdded lan i'r nefoedd ...

la la lalalala lalala lalala la ...

Ni wena'r haul yn y pwll glo,
beth am botel o gwrw?
Mae gen i bres ond mae'r mwg a'r tes
yn troi pob un yn feddw!

Mor unig ar y llinyn tynn yn troedio'r eangderau,
dim ond fi y Brawd Houdini'n cerdded lan i'r nefoedd ...

la la lalalala lalala lalala la ...

MYND I'R BALA
AR Y CWCH BANANA

Mynd i'r Bala ar y cwch banana
cyrraedd erbyn cwarter i dri
mynd i'r Bala ar banana boat
Geraint a Heather a Lisa Grug a fi

dyma wylie swel ...

Banana i bob un o bobol y byd
Banana i bob un o bobol y byd
Banana i bob un o bobol y byd

dyma wylie swel ...

banana
    banana

    twll
        yn
ei
   sana

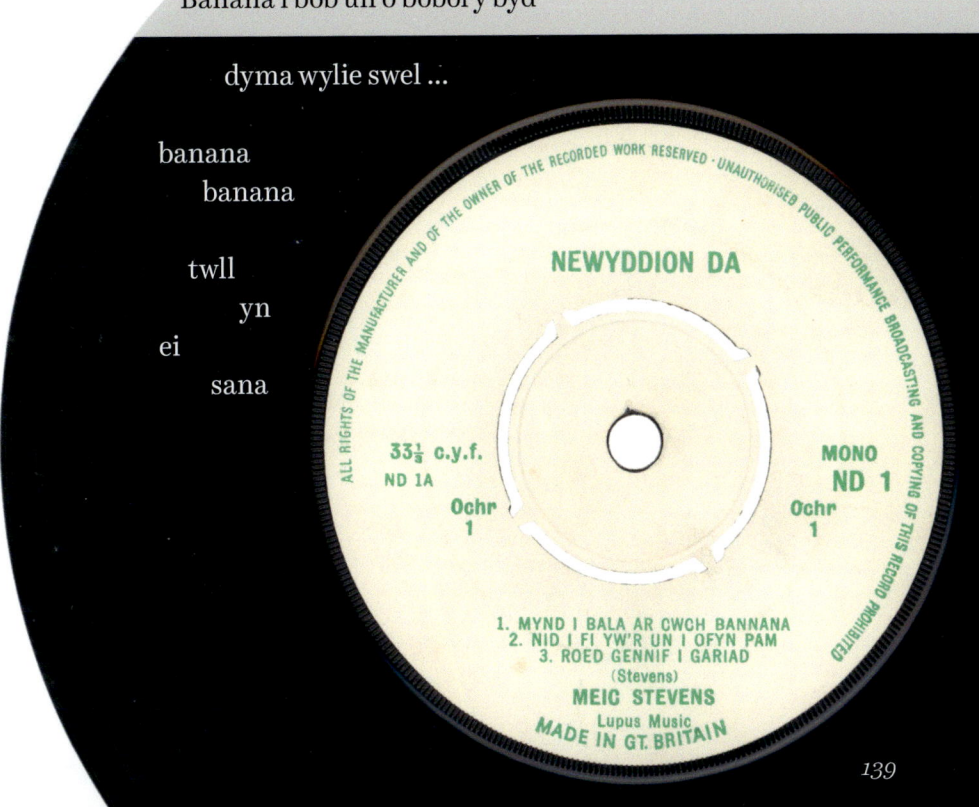

NEWYDDION DA

$33\frac{1}{3}$ c.y.f.
ND 1A
Ochr
1

MONO
ND 1
Ochr
1

ALL RIGHTS OF THE MANUFACTURER AND OF THE OWNER OF THE RECORDED WORK RESERVED · UNAUTHORISED PUBLIC PERFORMANCE BROADCASTING AND COPYING OF THIS RECORD PROHIBITED

1. MYND I BALA AR CWCH BANNANA
2. NID I FI YW'R UN I OFYN PAM
3. ROED GENNIF I GARIAD
(Stevens)
MEIC STEVENS
Lupus Music
MADE IN GT. BRITAIN

139

Dechreuaist dy yrfa'n dymuno'n dda
gyda'th araith yn Neuadd y Sir,
fe roddodd y cyhoedd ei ffydd ynot ti
gan gredu dy eiriau ar y mur
Ond ni ellir galw'r dydd yn nos
na galw'r gwas yn frenin,
celwydd yw brwydro dros blaid ddi-werth
am mai angau yw rhyfel y gelyn.

NID I FI, MISTAR MP

Yna y dest yn ddyn pwysig iawn,
ti agorodd ein pontydd a'n ffeiriau,
siaradaist drosom yn y Senedd fawr,
dysgaist ddefnyddio y gair
Ond ni ellir galw'r dydd yn nos
na galw'r gwas yn frenin,
celwydd yw brwydro dros blaid ddi-werth
am mai angau yw rhyfel y gelyn.

Newidiaist dy focs sebon am orsedd fawr
a dy hen het ffelt am y Goron,
bywydau'r bobol sy'n dy ddwylo di
a tithau'n eistedd yn dy gwn carlwm.
Ond ni ellir galw'r dydd yn nos
na galw'r gwas yn frenin,
celwydd yw brwydro'n galed dros fywyd
am mai angau yw rhyfel y gelyn

Rwyt ti ar goll o fewn dy hun,
crwydraist yn hir er y dechrau,
bywydau'r bobol sy'n dy ddwylo di,
chwarae caled yw chwarae ar ryfelau.

Dros y bobol, nid dros dy hun,
paid datgan mwy o'th gelwyddau,
peidiwch rhyfela dros darn o dir
cans fe gleddir ein cyrff yn y caeau.
Ond ni ellir galw'r dydd yn nos
na galw'r gwas yn frenin,
celwydd yw brwydro'n galed dros fywyd
am mai angau yw rhyfel y gelyn.

Gyfeithiad o 'Not for me to ask the reason why.'
Sgwennais y Mancerision
1965.

Mor drist yw gweled plentyn yn cael cam
Ond nid yfi yw'r un i ofyn pam
Meddyliau yn fy mhen, y byd sy'n gas dros ben
Nid yfi yw'r un i ofyn pam, o na, nid yfi yw'r un i ofyn pam

NID YFI YW'R UN
I OFYN PAM

Mor drist yw gweled bachgen bach ar goll
Ac mae'n greulon pan ddaw amser cyfri'r gosb
Pobl o bob plaid, y byd sydd wrth eu traed
Ond nid yfi yw'r un i ofyn pam, o na, nid yfi yw'r un i ofyn pam

Mor drist yw gweled pobl sydd o'u co'
Hwythau'n siarad am y newyn sydd ar ffo
Daw'r dail o'r coed i lawr, fe gwympant tua'r llawr
Ond nid yfi yw'r un i ofyn pam, o na, nid yfi yw'r un i ofyn pam ...

Meic Stevens / Geraint Jarman

ROEDD GENNYF I GARIAD

Roedd gennyf i gariad yn annwyl i mi
Mae wedi ymadael
Wedi ymadael ymhell dros y lli

Yr oeddwn yn cysgu mor drwm yn y nos
Meddyliais amdani
Meddyliais amdani, yr eneth, mor dlos

Mi deithiwn i'r gwledydd ymhell dros y byd
Mi wylaf amdani
Wylaf amdani, yr eneth, mor bur

Dim ond heddiw, ddoe a fory yw ein bywyd,
heddiw, ddoe a fory, dyna i gyd.
Ddoe sydd wedi mynd
a heddiw, gwylia ffrind,
hwyrach na ddaw fory byth i ti.

HEDDIW, DDOE A FORY

Hawdd yw eistedd lawr a chyfansoddi
emynau'n sôn am oesoedd rhif y gwlith.
Breuddwyd, dyna i gyd,
a'r tywydd, mwy o hud
yw heddiw, ddoe a fory, dim ond rhith.

Breuddwyd llwyr yw sôn am dragwyddoldeb.
Pwy all fesur canrif ar ei hyd?
Pwy all weld yn glir?
A phwy sy'n dweud y gwir?
Pa mor hir yw bywyd dyn i fod?

Dim ond heddiw, ddoe a fory yw ein bywyd,
heddiw, ddoe a fory, dyna i gyd.
Ddoe sydd wedi mynd
a heddiw, gwylia ffrind,
hwyrach na ddaw fory byth i ti.

y geiriau gan Hywel Gwynfryn.

Meic Stevens / Hywel Gwynfryn

Dos i gysgu'n dyner,
dos i gysgu f'anwylyd i,
fe laddwyd dy ŵr yn y rhyfel, mi wn,
a'th adael â'th ddagrau'n lli.

Does dim amser nawr am gariad
fel yr oedd yn y dyddiau pell,
mae'r prisoedd yn codi, mae'r bywyd yn glou,
a galw mae'r gweithwyr am gyflog gwell.

CÂN MAMGU

Tunnell o lwch yn lluwchio'n y gwynt
mor uchel â chân yr ehedydd,
a draw yn yr India mae'r plant, o! mor dlawd
yn bwyta 'mond un pryd y dydd.

Pan own yn lanc fe weithiais mewn plas
fel gwas wrth fyrddau'r arglwyddau,
ac roedd y bwyd a'r medd wedi'i osod mas,
yn ddigon i fwydo miliynau.

Ac nawr mi wn, wrth heneiddio'n glou,
'mysg cysuron ein dyddiau cyfoes,
gwell gennyf oedd byw yn y dyddiau gynt
ymhell yn ieuenctid fy oes

Rhywun wedi dwyn ein railway ni, tamed mawr o'r lein wedi mynd
Gwelwn ffasiwn le ar yr A14 i'r dre, rhywun wedi'i ddwyn e – pwy?
O-wi! mae'r CID yn f'amau i
Ble'r aeth y trac? anodd cuddio railway rownd y bac!

Rhywun wedi dwyn ein railway ni, tamed ar ein gwely'n slei
Drychwch yn ei ben a dan ei wely pren, chwiliwn nes daw'r lein i'r fei
O-wi! mae'r CID yn f'amau i
Ble'r aeth y trac? anodd cuddio railway rownd y bac!

DWYN Y LEIN

Rhywun wedi dwyn ein railway ni, rhaid eu dal y dynion drwg
Gyrrwr sydd yn syn, giard yn taro'r jin ac mae'r taniwr yn wylo yn y mwg
O-wi! mae'r CID yn f'amau i
Ble'r aeth y trac? anodd cuddio railway rownd y bac!

Pan gaiff y lladron drwg eu dal, carchar fydd dyfodol rhain
A bydd neb ar ôl yn gwneud pethe mor ffol â dwyn hanner can milltir o'r lein
O-wi! mae'r Special Branch yn f'amau i
Ble'r aeth y trac? anodd cuddio railway rownd y bac!

one, two, three, four ...

> byw yn y wlad, byw yn wlad,
> gyda 'nheulu, gyda'n ffrindiau, byw yn y wlad
> draw yng ngharchar yn y ddinas, fy unig obaith sydd,
> i gael byw, byw yn y wlad, byw yn rhydd

ar ôl teithio, wedi gweithio, daw pob ffordd i ben
hawdd i gysgu ar ôl wisgi ar rhyw lawr o bren

BYW YN Y WLAD

'sdim rhaid siarad gyda 'nghariad, 'sdim rhaid torri gair
dim on plygu a'i chusanu yn y gwely gwair

dim ond rafin ar y pafin, dryswch ydy'r dre
yn y wlad nawr byw sy'n rhad nawr, dyna yw y lle

mae'r tymhorau ar eu gorau, gwenith melyn tal
fe âf yno, a chaf grwydro, ni all neb fy nal

> byw yn y wlad, byw yn wlad,
> gyda 'nheulu, gyda'n ffrindiau, byw yn y wlad
> draw yng ngharchar yn y ddinas, fy unig obaith sydd,
> i gael byw, byw yn y wlad, byw yn rhydd

MEIC STEVENS

1. BYW YN Y WLAD

2. SACHLIAIN A LLUDW

Misoedd, plant y flwyddyn
mor sydyn mae'r byd yn newid
awelon haf ...

Misoedd, merched tlws yn crïo
Chwefror bach yn llifo
da bo' chi ...

Mawrth, croen y môr yn crynu
Ebrill sydd yn tynnu
i ffwrdd i Mai ...

Y MISOEDD

Medi, Mehefin sydd yn gwaedu
Awst yw'r awr am fachlud haul
Melyn haf ...

Hydref, codi ei het i'r gaeaf
oerni'r rhew yn siarad
brawddegau iâ ...

Misoedd, plant y flwyddyn
mor sydyn mae'r byd yn newid
awelon haf ...

O, rwy'n crwydro y byd ar y llwybr tragwyddol
Ar y ffordd sydd yn mynd ar ei hyd ar y daith
Mor dywyll a ffug yw fy mywyd hunanol
A dyna fel bu lawer gwaith

Celwydd yw cwsg gyda gwên rhywun arall
Breuddwyd yw'r ferch sydd ym mreichiau y nos
Ond daw'r siawns ddim yn ôl wedi llithro trwy'r dwylo
A dyna fel bu, blodyn tlos

O, RWY'N
CRWYDRO'R BYD

Yn yr afon mor ddwfn sydd yn boddi fy ffrindiau
Rwy'n ymolchi fy wyneb bob dydd
Ac mae'r llygaid yn gweld yn glir ein chwaraeon
Yng nghadwyn o garchar ein ffydd

Celwydd yw cwsg gyda gwên rhywun arall
Breuddwyd yw'r ferch sydd ym mreichiau y nos
Ond daw'r siawns ddim yn ôl wedi llithro trwy'r dwylo
A dyna fel bu, blodyn tlos

Canfariog 1968 1968

Pe cawn dy gwmni di
i gerdded ger y lli
Tra bo'r tonnau'n bwrw'r traeth
mae'r gwynt yn fflachio craith
Wrth falu'r graean trist ...

Fel llongau gwag yn y nos
A'r ystlum dall di-loer
Heb oleudy na llewych haul
Oes am dy gwmni di ...

PE CAWN DY GWMNI DI

Bu'r nos yn suddo'n chwim
Fel anialwch yn fy mhen
Ac mi redaf at y wawr
Sy'n aros yn nyfnder y nen
Mi redaf atat ti ...

Yn sydyn, esgyn haul
O'r gorwel niwlog hallt
A'r anialwch yn dringo'n las
A braw, dim ond breuddwyd gwag ...

Dyma fy nghariad i
Y pren helyg ar y bryn
Lle bu'r ffynnon melys glân
A fy nghalon i ar dân
Mewn gorffwys gyda thi ...

Yn nyfnder y nos, breuddwyd dlos
Mewn cwsg rwy'n llusgo tua'r gwanwyn
Ac yn fy ngwely meddw y mae cartref
Yng nghartrefi llwyd y mae fy ngharchar
A thafodau ein ffrindiau yw'r celwyddwyr
A dinasyddion sy'n galw heddwch ydy'r milwyr

Yn nyfnder y nos, breuddwyd dlos
Mewn cwsg rwy'n llusgo tua'r gwanwyn
Serch, rwy'n hedfan at yr haul
Ac yn y cestyll cudd y mae'r gelynion
A gyda'r fam a'r merched mae fy nghalon
Ac yn y llygaid trist y mae'r ofn

BREUDDWYDION

Yn nyfnder y nos, breuddwyd dlos
Mewn cwsg rwy'n llusgo tua'r gwanwyn
Serch, rwy'n hedfan at yr haul
Fel arfer, rwy'n ffrwydro draw i'r hydref

Ac yn y gwydr du y mae ein oesoedd
Yn y groth a'r gwallt mae'r goleuni
Ac yn y gwynt a'r ddalen mae newyddion
Ac yn y blaidd Cymraeg mae cur iaith enbyd

Yn nyfnder y nos, breuddwyd dlos
Mewn cwsg rwy'n llusgo tua'r gwanwyn
Serch, rwy'n hedfan at yr haf
Fel arfer, rwy'n ffrwydro draw i'r hydref
Ein gwlad sy'n syrthio tua'r gaeaf ...

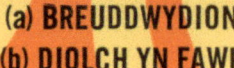

Diolch yn fawr, diolch yn fawr, diolch o diolch yn fawr ...

Diolch i ti, diolch i ti, diolch o diolch i ti ...

Diolch yn fawr, diolch yn fawr, diolch o diolch yn fawr ...

DIOLCH YN FAWR

Diolch i Noddy, diolch i Noddy, diolch o diolch i Noddy ...

Diolch yn fawr, diolch yn fawr, diolch o diolch yn fawr ...

Diolch i Philip, diolch i Philip, diolch o diolch i Philip ...

Diolch i fi, diolch i fi, diolch o diolch i fi ...

Diolch yn fawr, diolch yn fawr, diolch o diolch yn fawr ...

unwaith eto!

Diolch yn fawr, diolch yn fawr, diolch o diolch yn fawr ...

Anthem sdeddfod Rhydaman.

Draw yn Sir Benfro ar lan y môr
Mae eglwys hardd Tyddewi
Cans dyma lle mae cartref y sant
Ie, cartref nawdd-sant y Cymry

Pawb i ganu ar ddydd Gŵyl Dewi
i gofio geni'r sant
Pawb i ganu ar ddydd Gŵyl Dewi
canu gyda'r plant

CANU GYDA'R PLANT

Pan ddaw'r nos i Aberdaugleddau
A dŵr yr aber mor dawel â'r beddau
Ond yn y dydd y tanceri mawr
Sy'n cludo olew o'r dwyrain draw

Mae cerrig mawr ar fynydd Preseli
Cychod pysgota draw ar yr heli
Ynysoedd adar a chreigiau uchel
A gorwel coch pan fo'r haul yn ymadael

Pawb i ganu ar ddydd Gŵyl Dewi
i gofio geni'r sant
Pawb i ganu ar ddydd Gŵyl Dewi
canu gyda'r plant

She was just a factory girl
her life was mainly plain and purl
around the times and bobbins world
just a factory girl

She was just a factory girl
knew no other rites
so she spent most of her nights
trying to get married

and she didn't try too hard to see
and she knew not much of history
so she didn't know she wasn't as free
as her brothers

FACTORY GIRL

What is she supposed to do
when she talks to he and she and you
and she finds out she's the same way
as the others?

Will she think that it's the time to change
all her woman's things when they rearrange
will her different life be plain and purl
will she still be a factory girl?

She was just a factory girl
her life was mainly plain and purl
while around her big machinery whirled
just a factory girl

She was just a factory girl
and she knew no other life ...

Coughing, coal dust, coal-black morning.
Black stripes scar the backs of green,
another rainy day in Dowlais,
rusty shacks and pit-heads lean.

COAL-BLACK
MORNING

Uncle Joe, retired, a miner,
earned his wage underground.
Gossiping on the corner,
visions of the past swim round.

He came east and up the valley,
heard the money there was fine.
Left the farm one sunny morning,
took his shovel down the mine.

The valley was a coal-black river,
sold for gold and iron ore.
Many a man don't understand,
pity for poor Uncle Joe.

Roedd y bois yn eistedd yn y 'stafell gefn yn neuadd goffa Trefochlyd, pan ddaeth cnoc i'r drws. "Mae rhywun yn cnocio'r drws," meddai Dewi Morris y tenor enwog o Dreforys – lle arall? – "Efallai mai fy ffrind Sabu, y seren bop ddisglair o Bangladesh, wedi dod efo'i eliffant," ... Ac yn wir, pan agorodd y drws, roedd dyn bach brown yno'n eistedd ar ben eliffant yng nghanol Lôn y Dadeni, y llwybr cyhoeddus tu allan. "Eliffant, myn jiawl!" medde'r bardd enwog yn y gornel, yn odli fel ffwl. "Lyfli," medde Dewi, yn gwenu o dan lle'r oedd rhywun wedi dwyn ei drwyn e ...

SHW' MAE? SHW' MAE?

Pwy sy'n gwisgo dillad gwyn?
A phwy sy'n cerdded ar y llyn?
A phwy sy'n malu awyr yn y dre?
Mae'n bwrw cwrw yn y nen,
canibaliaid wedi bwyta Anti Gwen,
ond mae Wncwl Zephariah wedi gweld dim mas o'i le.

　　Shw' mae, shw' mae! Iawn, ie ie,
ond mae'r criw ar goll rhywle yn y dre!
　　Wyt ti'n drist fy ffrind?
　Dwedwch beth sy'n poeni ti ...

Mae ei fysedd wedi rhewi bant
wrth whare liwdo gyda'r plant,
ac mae'i lygaid bach yn rhowlio ar y llawr.
Anodd yw i weld y dydd
â'i drôns ar ei ben a'i wyneb yn y pridd,
ond rwy'n ffonio am offeiriad Llan i ddod yn awr.

　　Shw' mae, shw' mae! Iawn, ie ie,
ond mae'r criw ar goll rhywle yn y dre!
　　Wyt ti'n drist fy ffrind?
　Dwedwch beth sy'n poeni ti ...

Fe es i ffwrdd gyda'r Indiaid Coch,
naw yn y bore gyda'r gloch,
gan adael yr eneth nwyfus yn y tŷ... wî-wî-wî!
Roedd Ceffyl Dwl a Cwmwl Coch,
a Tarw'n Eistedd â pheint ar ei foch

...

Shw' mae, shw' mae! Iawn, ie ie,
ond mae'r criw ar goll rhywle yn y dre!
Wyt ti'n drist fy ffrind?
Dwedwch beth sy'n poeni ti ...

Wedyn daeth y fuzz tu allan mewn fan

...

yn smocio'r hen bib heddwch ac yn yfed te.
Ebe'r pennaeth, y bois mewn glas, mor ffôl,
"Mae'r crwydryn unig ar dy ôl!"
Ond atebodd Tarw'n Eistedd, "Beth ti'n meddwl? Ymhle?"

Shw' mae, shw' mae! Iawn, ie ie,
ond mae'r criw ar goll rhywle yn y dre!
Wyt ti'n drist fy ffrind?
Dwedwch beth sy'n poeni ti ...

Unwaith eto, ie ie!

Shw' mae, shw' mae! Iawn, ie ie,
ond mae'r criw ar goll rhywle yn y dre!
Wyt ti'n drist fy ffrind?
Dwedwch beth sy'n poeni ti ...

ie ie ie ie

Shw' mae, shw' mae! Iawn, ie ie,
ond mae'r criw ar goll rhywle yn y dre!
Wyt ti'n drist fy ffrind?
Dwedwch beth sy'n poeni ti ...

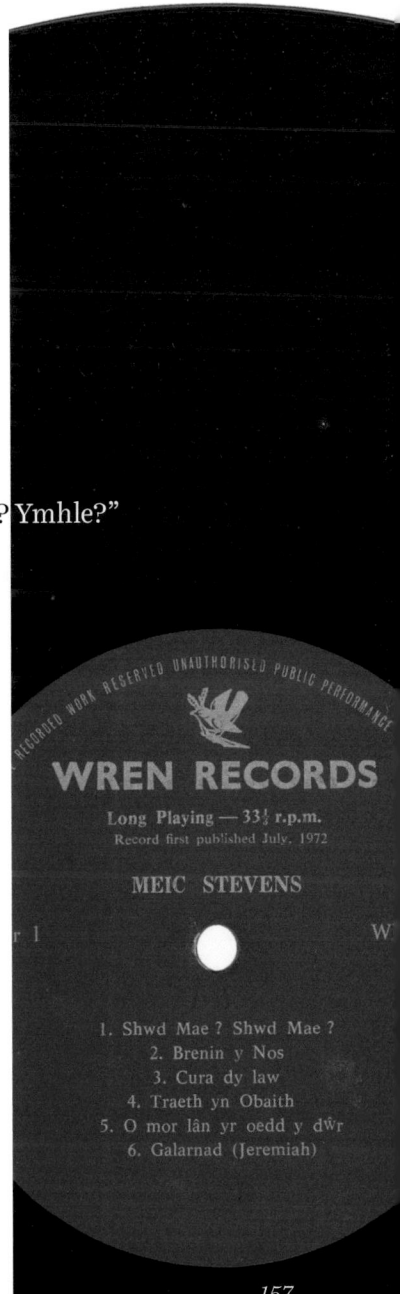

RECORDED WORK RESERVED UNAUTHORISED PUBLIC PERFORMANCE

WREN RECORDS
Long Playing — 33⅓ r.p.m.
Record first published July, 1972

MEIC STEVENS

1. Shwd Mae ? Shwd Mae ?
2. Brenin y Nos
3. Cura dy law
4. Traeth yn Obaith
5. O mor lân yr oedd y dŵr
6. Galarnad (Jeremiah)

Mewn hunllef anial rhyfedd
rhwng beddau llwm y rhos,
ym mynwent wlyb Llanwynno
lle'r oedd Brenin y Nos.

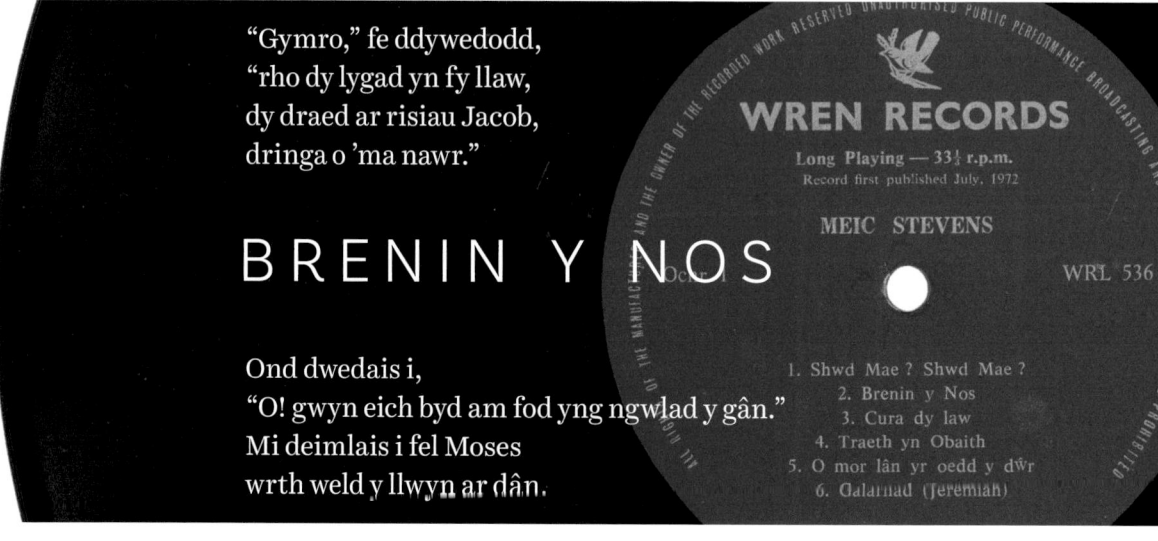

"Gymro," fe ddywedodd,
"rho dy lygad yn fy llaw,
dy draed ar risiau Jacob,
dringa o 'ma nawr."

BRENIN Y NOS

Ond dwedais i,
"O! gwyn eich byd am fod yng ngwlad y gân."
Mi deimlais i fel Moses
wrth weld y llwyn ar dân.

Rhowch geffyl rhwng fy nghoesau,
fy mwa a saeth,
fy nghlogyn ar fy ysgwydd
i mi gael mynd ymaith ...

... i'r mynydd lle bu'r eira
a'r gwynt fel anadl oer,
lle mae'r faner hen fel alarch
yn hedfan tua'r lloer.

Geni'r dydd heb gân ar lannau'r merddwr,
gwynt fel troed y meirw lan o'r bedd,
does neb i weld y wawr ar draeth anobaith,
does neb i weld y wawr yn nŵr y llyn.

Hen loffwr llwyd sy'n troedio'r gwymon lle bu'r llanw gynt,
casglwr ein cysgodion, rhag llygad oer y gwynt.

Tir a môr mewn cariad yn ymrafael,
bysedd hallt y dŵr yng nghorff y graig,
yn swyn y don daw ochneidiau'r briodas,
newyn yn ei groth am ewyn gwyn.

TRAETH ANOBAITH

Mor drist yw cân ymadael, cân y graean, cân y gro,
gwrandewch ar ferw meirch y môr yn deffro cwsg y fro.

Daw y dydd â'r gwylwyr ar y glannau,
daw pob offrwm nôl yn lân o'r dyfn,
ond does dim cyfoeth arian ar y traethau,
dim ond olion traed sydd yn y clai.

Ac fe ddaw llong i dorri craith ar wydr gwyrdd y môr,
a thrwy y glaw, fel saeth ar goll, y wennol ddaeth yn ôl.

70-71. Caerdydd.

Wrth fy hunan gyda'r hwyr rwy'n eistedd
Mae'r radio yn whare'n isel lawr
Meddwl ydwyf heno beth yw cariad
A'n ysbryd i yn disgyn tua'r llawr

Cura dy law, cura dy law
Dawnsiwch nawr i godi'r baw
'Sdim lle i dristwch yma
        onanana!
Cura dy law, cura dy law
Dawnsiwch nawr i godi'r baw
'Sdim lle i dristwch yma

CURA DY LAW

Cnoc cnoc ar y drws, pwy sy 'na? ffrindiau!
Dyma nhw yn llawn o sŵn a gwin
"Clywais bod dy gariad wedi gadael,
a tithau yma'n teimlo'n isel flin."

Cura dy law, cura dy law

Dawnsiwch nawr i godi'r baw
'Sdim lle i dristwch yma
wawawawawaie!
Cura dy law, cura dy law
Dawnsiwch nawr i godi'r baw
'Sdim lle i dristwch yma

Does dim lle i godi'r claf fel enaid
Ac yn ein plant mae hwn yn fyw o hyd
Casineb, bai a gormod ydy'r gwendid
Gwenwyn gwallgof sydd yn lladd y byd

Cura dy law, cura dy law
Dawnsiwch nawr i godi'r baw
'Sdim lle i dristwch yma
edrychwch, ie!
Cura dy law, cura dy law
Dawnsiwch nawr i godi'r baw
'Sdim lle i dristwch yma ...

Daeth y glaw fel amdo arian,
dwylo dŵr yn niwl y nen.
O'r llais, dydd Sul, a'i dagrau'n deffro,
O! mor llwyd yw'r bore gwyn.

    O! mor lân yr oedd y dŵr,
    cyfoeth arian sydd mewn mwg a'i stŵr.
    Pwy all roi yn ôl y glaswellt gynt?
    O! mor lân yr oedd y dŵr.

O! MOR LÂN YR OEDD Y DŴR

Yn y pwll roedd llanc yn cysgu,
llygaid dall mewn dyfnder oer.
Adenydd nos sydd wedi'u gwlychu,
beddau tadau yn y clai.

Hen ddydd Sul ac iselfrydedd,
gyda gwisg o frethyn llwyd.
Trist yw'r dôn a thrwm yw'r drefn
sydd yn boddi dyn mewn nwyd.

    O! mor lân yr oedd y dŵr,
    cyfoeth arian sydd mewn mwg a stŵr.
    Pwy all roi yn ôl y glaswellt gynt?
    O! mor lân yr oedd y dŵr.

Cofia, O Arglwydd, beth a ddaeth i ni:
edrych a gwêl ein gwaradwydd.

Ein hetifeddiaeth ni a dröwyd i estroniaid,
a'n tai i ddïeithriaid.

Amddifaid ydym heb dadau;
ein mamau *sydd* megis gweddwon.

GALARNAD

Yr ydym yn yfed ein dwfr am arian;
ein coed sydd yn dyfod am werth.

Ein gwarrau sydd dan erlid;
llafurio yr ydym, nid oes gorphwys-dra i ni.

Rhoisom ein llaw i'r Aifftiaid, i'r Assyriaid,
i gael digon o fara.

Ein tadau a bechasant, ac nid *ydynt*:
ninnau sydd yn dwyn eu cosp hwynt.

Gweision sydd yn llywodraethu arnom ni,
heb fod a'n gwaredo o'u llaw hwynt.

Am hyn y mae ein calon yn ofidus;
am hyn y tywyllodd ein llygaid.

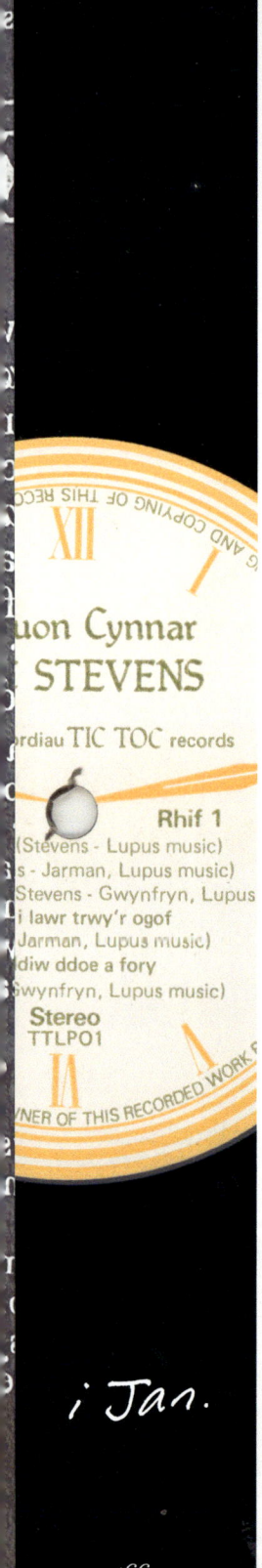

Dewch 'nôl cariad, dewch yn ôl,
anghofiwch y pethau ffôl,
gwely gwag yn llawn o dristwch,
dyna beth sy'n poeni fi.

Agorwch dipyn o gil y drws
i gael gweld y fro mewn cwsg,
gwely gwag yn llawn o dristwch,
dyna beth sy'n poeni fi.

Mae'r dyddiau'n wallgof, mae'n amser gwael,
heb dy gariad mae'n fywyd sâl,
gwely gwag yn llawn o dristwch,
dyna beth sy'n poeni fi.

GWELY GWAG

Ar ddur y rheilffordd gorweddaf lawr,
bydda i'n cysgu fory nes ddaw trên y wawr,
mae gwely gwag yn llawn o dristwch,
dyna beth sy'n poeni fi.

Yn y bore ar ôl unig nos,
meddwl am fy nghariad a'i chorff bach dlos,
gwely gwag yn llawn o dristwch,
dyna beth sy'n poeni fi.

Dewch 'nôl cariad, dewch yn ôl,
anghofiwch y pethau ffôl,
gwely gwag yn llawn o dristwch,
dyna beth sy'n poeni fi.

Rwy'n mynd i weld y byd er mwyn cael bod yn rhydd
Bant o'r tywydd oer yr wyf yn crwydro
Mas o'r ias yn ôl i'r haul, gwn fy mod i'n myned yno
Ac mae'r llong yn crwydro i ffwrdd o'r tywydd gwael

   I gael gweld rhyw fore'n tyfu yn yr haul
   Blodyn tywyll Affrica a minnau yno'n awr
   I gael dianc oddi wrth y gaeaf, dianc tua'r haul
   I gael lliw ei gwenu ar fy nghroen, i gael gorwedd yn ei dail

MYND I WELD Y BYD

Rwy'n mynd i weld y byd er mwyn cael bod yn rhydd
Bant o'r tywydd oer yr wyf yn crwydro
Rwy'n mynd i ble mae'r tywydd braf, does dim ond heulwen haf
Ac mae'r oriau yno'n braf, 'sdim rhaid gweithio

... Affrica

Rwy'n mynd i weld y byd, mae'r hen ddyddiau byr yn huno
Ac mae llaw y gaea'n gorwedd arnom ni
Yn y rhew fel hen ast lwyd, cleddyf iâ heb rawn o nwyd
Na thrugaredd fel y lloffwr, dyna a fu

   I gael gweld rhyw fore'n tyfu'n hardd gerllaw
   Blodyn tywyll Affrica a minnau yno'n awr
   I gael dianc oddi wrth y gaeaf, dianc tua'r haul
   I gael lliw ei gwenu ar fy nghroen, i gael gorwedd yn ei dail ...

*Un o'r ganeuon sgwennais i Raglen
Disg a Dawn BBC. Cymru. 69.*

Roedd pawb ar y cei yn Aberdaugleddau,
yn oer ac yn wlyb yn y gwynt a'r glaw mân.
Fe lusgodd y llynges i ffwrdd fel cysgodion
a'r cefnfor mawr o'u blaen.

Daeth neb yn ôl i adrodd yr hanes,
neb ond y gwynt a ganodd ei gân.
Dim ond gwylanod a llygad y gelyn
a welodd y morwyr yn llosgi mewn tân.

DAETH NEB YN ÔL

Morgi o ddur yn cuddio mewn dyfnder,
ei arfau yn gas fel dant yn ei ben.
Deffrodd o'i gwsg a chododd o'r gwaelod
i aros am aberth dan leuad y nen.

Yng nghanol y môr daeth y daran a'r fflamau,
torpidos gwyllt yn rhuthro drwy'r dŵr.
A thrist oedd y lladdfa gyfrwys mewn tywyllwch,
a thrist oedd y byd mewn rhyfel a'i stwr.

Rhy hwyr, ger yr harbwr mae'r mamau yn aros,
mae'r gwragedd yn aros heb wybod y gwir.
Ond ymhell oddi yno dan fôr y gorllewin
gorweddant yn farw ym medd gwyrdd y dŵr.

Amddifaid bychain, lle gewch chi ddillad?
Lle yn y byd gewch chi arian i fyw?
O'r llywodraeth fe gewch chi geiniogau cysurus
i dalu am dy dadau sydd nawr gyda Duw.

Daeth neb yn ôl i adrodd yr hanes,
neb ond y gwynt a ganodd ei gân.
Dim ond gwylanod a llygad y gelyn
a welodd y morwyr yn llosgi mewn tân.

Carangarŵ! Carangarâ!
Carangarŵ! Carangarâ!
Carangarŵ! Carangarâ!
Carangarŵ! Carangarâ!

Wel, dewch i mewn, eisteddwch lawr
Fel Indiaid Cochion ar y llawr
A canwch gân fel Miri Mawr
Carangarŵ! Carangarâ!

CARANGARŴ

Dyna chi, a dyma fi
Dewch i ddawnsio gyda mi
ooowawawawa
Carangarŵ! Carangaieieie ...

Carangarŵ! Carangarâ!
Carangarŵ! Carangarâ!
Carangarŵ! Carangarâ!
Carangarŵ! Carangaieieie ...

dwdwdwdwdwdw

lalalalalalalalalalalala

Mae pobol yn byw mewn pentrefi,
anifeiliaid yn byw yn y sŵ.
Ond mae dyn bach o Landdewibrefi,
does neb yn gwybod yn iawn pwy 'di o.
Mae e'n gwisgo barf a sbectol ddu fel gwdi-hŵ.

Ond mae'r eliffant yn cofio popeth, mae e'n gweld yn iawn ...

MAE'R ELIFFANT
YN COFIO POPETH

Sôn am lywodraeth,
Mistar Heath, dewch mas yn syth.

(Cartrias 88)

O iachawdwriaeth!
Anfonwch gorach os wyt ti'n brysur.
Gobeithio bo ti a Morning Cloud mewn cysur, *gesundheit*!

Mae'r eliffant yn cofio popeth, mae e'n gweld yn iawn ...

Dywedais i rywbryd,
"Ewch i'r wlad, cael byw yn rhad!"
O, na beth neis i'w ddweud,
byw yn y wlad, byw yn rhydd.
Ond mae'n gwmws bob dydd fel byw yng Nghaerdydd â'r wlad yn y BBC
a'r lobscows yn HTV, Llais y Sais, o very nice ...

diolch yn fawr am y llif, a diolch yn fawr am wrando,
gobeithio bo chi i gyd wedi mwynhau y record

"I'm feeling bad," he said, the second morning.
Still, St Davids' bell tolled out his time below the Farmers' Arms.
They disbelieved, his wit well-known, that such a man should fail to stand the pace.
He mostly was the last to fall.
And so, one more, his last gold-labelled barley wine was drunk upon the house.
The dimple amber hourglass rounds, down the hatch 'til bilges bulged,
    were pumped and puked out round the back under the ten-gallon hat of night,
        as opening time too soon flashed by.
Baptism of raucous ale, deftly flung on feathered flight,
doubles, trebles, thudding home shanghaied the lily-livered few.
To hell with it all 'til half past ten.
The peevish stocks of nagging wives, the hypocrite pillory of repectability,
    and the ecclesiastic apartheid, cream-tea class-consciousness
        of cloak-and-dagger merchants.

THE DEWSLAND RAKE

The pub's been expertly exorcised of the essential alien –
    twittering tourists, tight as tits in living bras, flopped out in the sloping street;
    long-shorted fuddy-duddies fluttering up Cross Square on Hong Kong flip-flops;
    outcrops of anoraked rock-tappers from poltergeist colleges in England
        clumping back to their rock faults on Carn Lleity,
        lumbering geological Livingstones amok in darkest Dewsland;
    and the usual pow-wow of tribesmen, fish-hook Bedouins from Solva,
        nomadic since the last bus left and the firewater ran out.

It's a long, long way back to Solva Bay, so way, boys, way ...

Dedicated to My Uncle Sydney Davies.
This was commissioned by Gareth Wyn Jones. for HT-V.
'Nails' programme in 70s.

Supine St Davids night, at shut taps shot with bolts restrained by chains
                                                             and patent Yales.

Old doors bang, and bars are laid of silence in the merry vale.
The city lights, snuffed in the palm of night's dark velvet,
        ebb from walls of ancient stones, sentinels who stare through time,
                sinking deeper by the hair's breadth into the bed of Dewi's iris marshes.

But the boys are safe inside the esoteric shrine where shut tap's never called,
        and closing time's the sign to drink again 'til opening time.
What a beery weekend retinue!
Blinking through the booze like gold dust in a pan,
        bonanza for prospecting poets, crafty to a man,
                primed to blast reality to dust over a few more pints.
Jokers, threading deftly the needles of profound speech,
        unravelling yarns through midnight catacombs,
                as though they sought the Minotaur somewhere in the barrelled dark.

"Drink up, boys, have one with me," says Glyndwr.
The dimpled pints were charged again.
They sipped them thoughtfully.
"It's Sunday! Keep less noise!" says Dai,
        as this week's lay preacher bats it past the window,
                framed like a death-watch beetle newly hatched out of the woodwork,
                        beams damnation like a death ray.
Between the steaming curtains whips their bushwhacked conscience
        with him down the hill pell-mell, hell on his heels to his pulpit in the past,
                Ebenezer, Hermon – Mount Pleasant?

But the catholic clock strikes twelve, and once again their souls are saved,
        so they drink one more for the road then make for home as quick as that,
                obedient to the ritual summons:
roast lamb, mint sauce, the neatly folded Sunday news, their wives,
                                                        and dozy afternoon.
The Sabbath-yellow daffodils in Goat Street saw the the door ajar.
The clap of pigeons, winged applause, fanned the flying-buttressed sky.
The Dewsland rake goes home to die.

Lapwings trilled encore encore.
No one saw his last walk home save Glyn, at gilded noon,
        his laboured haul up pilgrim steps,
                hallucinogenic flickering pain rolled mirages round his eyes.
Gargoyle baritones brayed orbed oratorios out of the pulsing organ sun.
His heart beat slowly, out of time.

He fled in vain in the thick, red hubbub of his gale-force fate.
The trembling golden trumpet-ranked choristers of the trim front lawns,
        symbols of St David's Day, starry-surpliced in the sun, quailed
                                        but sang his dirge.
Tumbling down the scale, he burst from out of that cacophony, gained the door,
        the eerie privets bowed them down beside the gate,
                spectators at a race where life runs broken-winded,
                        crossed the threshold, found his chair, and sat him down.

"I knew no fear in the sunlit cliff of childhood,
        when winds whipped laughter, trading my soul with seagulls;
        and my heart on ragged rooks' wings beat the sky.
My blood, pumped red with ancient ways, could flash my empty-headed innocence,
        too blue and star-like in that oblivious space.
But greenstick splinters welled up, salt tears blurred the glances of my capering star.
Thus broke the childhood of another,
        from the moon-faced dead, spinning scar-like among
                        the old wounds of the universe."

The force that fledged his wild-bird life escaped before the hunter's gun,
        out of the Dowrog moor of men.
Twelve-bores never clipped his wing, for he had flown, was surely
                        gone, a greylag in the spring.

Written in Evansfield Rd
Llanaaf North Caerdydd 1973-4

173

I'm the guy from up the sticks, I'm a guy who digs the chicks
I'm an old moonshiner, I love my whisky jar
I don't give a damn about moody Mags, TV comics with deep blue gags
I'm the cleanest dirty old man you ever saw

    O! to be back where they read the Bible all day long
Where the chicks wear cast-iron underwear, it's a crime to sing a song
   It's so nice, sweet and free
  Playing tunes on the pornograph and living on morality

THE MARY WHITEHOUSE SONG

I was walking down Old Compton Street past stripperdrome, what a treat
Naked ladies with their boobies hanging bare
Some foreign guy he dragged me in, took my money and he gave me a gin
I certainly would not take my grandma there

She danced on stage, took off her clothes and threw her bra at the front row
Her G-string made a splash-down in my beer
She took off her arms and she took off her legs, with a farewell grin she took off
                                      her head
It was the way she bounced off stage that made us cheer

There was Marilyn Brigit and Susie Wong, the next one on she sang a song
With words so blue it paralysed my mind
She was dressed in leather and plastic-coated too, it's amazing what a girl can do
With the Prince of Wales tattooed on her behind

Mandy's trucking but Christine's dead, so remember what your mama said
About all them dirty things you should not do
So don't walk your dog out in the nude because naked pets are very rude
And there's too much vile obscenity dangling down

O! to be back where they read the Bible all day long
Where the chicks wear cast-iron underwear, it's a crime to sing a song
It's so nice, sweet and free
Playing tunes on the pornograph and living on morality

... well, I'm going to Amsterdam, down the Reeperbahn, gonna have a good night ...

Is memory the only way
To that space of time
Long ago?

Though it's true
He is still somewhere
Far and away
Tied in death and the long threads of time
Past night and day
Whose only light is the flickering slow
Of memory's dark lantern
Deep on the bed of the North Sea
"Exact position uncharted"

WHERE IS HE NOW?

Sometimes my imagination starts
To see him now at midday
Later in my warm bed of quiet cloth
He comes again
I am wrapped in the visitation
Of past and unfamiliar time
He walks to meet me on a strange avenue

My sleeping fingers move to grip his hand
He fades before we touch
Quieter than the hand and eye
Yet I feel him ebbing
Through day and land
Time, space, night and sea
To his unfathomed ocean grave

Almost got away,
looks like he's there to stay.
Locked up in a Turkish jail,
man, they're gonna make him pay ...

Let him go free
                    ... Timothy Davey

Seven years for carryin' dope,
for a little kid it ain't no joke.
No trains and roundabouts in Istanbul,
somebody blabbed, the kid is pulled.

TIMOTHY DAVEY

Let him go free
                    ... Timothy Davey

And when he made his getaway
they caught him on the border line,
and now he's got to pay

No goddamn use, what's the point
bustin' little kids for smokin' joints?
Far away from home and just a child,
Turkish jails have driven hard men wild.

Let him go free
                    ... Timothy Davey

Caerdydd 75.

...

  my name is blank endless
what I am is nothing
   I am nothing ... Unreal
    never really was
  I walk, unfeeling
  streets of dark plastic
   shining, subterranean
reality is my enemy
    it would crush me to death
  but the city means nothing really
like the time piles
  meaning means nothing
  in my non-existence
  I don't feel but I know
  that I walk the dark wet road
   dimension is merely a word
   does not exist now
   doesn't matter
  for I walk the wet darkness
and I have no sensation

   ...

BLANK ENDLESS

   walking an unknown distance
  coming and going
  from nowhere to nowhere
on the city streets, time piles
  upon quiet nonentity
  meaning is void
   null is all

I walk my paralytic self
down roads of shining darkness
clasping the depths of the plastic night
familiar orange lamps
hang away the flat black future
very far forward
still in stone
melts in streaming irises
brain pain cools
an eyesore
miles ahead
I feel nothing
there is no sensual evidence
that anything has really happened
and I am unborn
a nonentity
...

only among the padded zones
do common contacts recline
on a bed of li-lo words
I see a child run down
before her mother's smog mask
the quick scene spreads
too old in my eyes
impinges on my brain and spawns
an orgasm with grief
fertilising my belly with pity
the gold fades
and I feel nausea
inwardly the compassion
I retch a pardon
blurs and disperses
flee the focus of reality
God would not kiss these blubbering lips
...

                    the raining night glows
                    slimy as a fish flank
                    and sound is a hiss
                    of shine on rubber shores
              lovers laugh clatters
              like fruit machines
              I pull your handle
              my eyes spin
              I take your money
              you never really win
        sound is not outstanding
        it is constant and unending
        the city moves perpetually
        the sound ebbs and blasts
        is always everywhere
                          my brain never sleeps in truth
                 an endless stream of traffic
            cascades like a python

                              ...

        smooth and eerily
              through the shining shine
        his blazing electronic eyes
                 cut me out in cardboard
                      he pastes me, hangs me
                           on the scene
                 and running through
                 through through me
                 doesn't see me at all
                 doesn't hear my scream
                 of painless agony
                 or start at my flinching face
            sees only the grey
            feels only the sheen

inside his metal age
        never even had the luck
        to find a hole
        in the walls of time

          ...

a priest staggers along, bowed under
      the weight of a time bar
         it's virgin time, so there are
            no incidents or hallmarks on it
the preacher realising the time
      he's wasted talking rubbish so
         stole a bar of fresh time
            but did know that even though time be stolen
the end arrives unaltered

          ...

      the still shining street
      my infinite cocoon
         is sodden
sea with despicable grief
the hate at the root
of the tooth in a smiling lip
milks dry the corpuscles
at the marrow of life
      while time
         lies unguarded in the dirty streets

            ...

Pam'r crogfa ~~oedd~~ Caerdydd oedd
yn union lle ma' porth y marchnad
canolog nawr. Ar ôl y
crogi, aeth ffrindiau
dig ag' gorff i'w gladdu
yn
Port Talbot.

Dic Penderyn, rwyt ti'n foi,
lle fuest ti'n yfed was?
Lawr ym Merthyr roeddwn ddoe
o saith tan hanner nos.

Pwy sy'n gweithio yn y pwll a phwy sy'n yfed medd?
Mae'r Cymry'n bwyta bara sych, mae'n dywyll fel y bedd.

Dic Penderyn, rheda nawr,
mae'r milwyr ar dy ôl
â'u cotiau coch a'u gynnau gwyllt
i saethu pobol ffôl.

DIC PENDERYN

Dic Penderyn, cuddia nawr,
mae'r plismyn yn ein stryd.
Cer mas yn glou trwy ddrws y cefn
tra bod dy goesau di yn rhydd.

Dic Penderyn, o! rhy hwyr,
mae e'n hedfan dros y bryn.
Ar lawr y carchar mae e nawr
â'r fual rownd pob glin.

Dic Penderyn, Cymro glân,
llofruddiwr nawr wyt ti.
Wrth borth y castell yng Nghaerdydd
rhaff y Sais gei di.

Pwy sy'n gweithio yn y pwll a phwy sy'n yfed medd?
Mae'r Cymry'n bwyta bara sych, mae'n dywyll fel y bedd.

O! Santa Ana rwyt yn ddewr, ai-o! Santa Ana
Mynd adref wnaf o'r rhyfel mawr, rwy'n hwylio'n ôl i Gymru

Yno mae rhyw ferch fach lân, ai-o! Santa Ana
A ffrindiau ffyddlon ymhob man, rwy'n hwylio'n ôl i Gymru

Mae tywysog newydd yn y dre, ai-o! Santa Ana
Ond ble mae'r milwyr a'r FWA? yng ngharchar Abertawe

SANTIANA

O! Santa Ana rwyt yn ddewr, ai-o! Santa Ana
Mynd adref wnaf o'r rhyfel mawr, rwy'n hwylio'n ôl i Gymru

Mae dyn yn ymladd dros y byd, ai-o! Santa Ana
Paham mae rhyddid o mor ddrud? rwy'n hwylio'n ôl i Gymru

O! Santa Ana rwyt yn ddewr, ai-o! Santa Ana
Mynd adref wnaf o'r rhyfel mawr, rwy'n hwylio'n ôl i Gymru ...

Hen gân traddodiadol!

Ar y Rue St Michel y mae gwres yn yr awel
pan mae'r gwanwyn yn troi tua'r haf
ac ar awyr y bore mae arogl coffi,
rwy'n mynd nôl i'r hen Rue St Michel

Ar y Rue St Michel ewn ni i dŷ Minouche,
   yfwn ni chouchenn melys neu cidre bouché.
      O! mae'n braf yn yr haf ar y Rue St Michel ...

Ar y Rue St Michel mae cardotyns yn cysgu
dan wisteria sy'n hongian o'r wal,
ac mae sŵn pobol hwyr o'r cafés byth yn galw
yn y nos ar y Rue St Michel

Drwy'r ffenestri fe ddaw golau melyn o'r de,
   ond 'sdim bacwn i frecwast, ond gwin yn ei le
      gyda thorth dwym o'r siop, pobydd gorau'n y dre.
         Braf yw byw yn y Rue St Michel ...

RUE ST MICHEL

Ar y Rue St Michel beth yw'r ots am yfory,
awn ni eto i far Chez Minouche
lle mae hud y chouchenn yn llifo i 'mhen
ac mae'r miwsig yn llifo trwy'r drws.

Ar y Rue St Michel ewn ni i dŷ Minouche,
   yfwn ni chouchenn melys neu cidre bouché,
      ie, mae'n braf yn yr haf ar y Rue St Michel ...

A thrwy dudwch y mwg rhyfeddod a welaf,
yr Arab â llond ceg o aur
sy'n chwerthin wrth ddawnsio i ganu y Cymro
heb wybod un gair o Gymraeg.

Ar y Rue St Michel ewn ni i dŷ Minouche,
   yfwn ni chouchenn melys neu cidre bouché,
      O! mae'n braf yn yr haf ar y Rue St Michel ...

SAIN 1065M-A

33⅓ c.y.f.

STEREO

'N GYHOEDDUS. DARLLEDU, NA CHOPÏO'R RECORDIAD HWN HEB GANIATÂD.

eddiadau Sain)
diadau Sain)
diadau Sain)
yhoeddiadau Sain)
oeddiadau Sain)

Hi sydd yn adlewyrchu golau'r hydref yn ei gwallt.
Hi sydd yn chwerthin fel yr haul yn nrych y llanw hallt.
Hi sydd yn nyddu dwylaw'r caethwas yn ei sidan swyn.
Carcharor ffyddlon byddaf yma'n rhydd, yng nghell ei chariad mwyn.

GWENLLIAN

Fel y gwenoliaid yn eu tymor cynnes mae hi'n dod.
Angel y dydd a'r dirgel nos erioed mae wedi bod.
Gwelwch ei rhyfedd ryw yn bwydo fflamau gwan fy nhân.
Carcharor ffyddlon byddaf wrth ei haelwyd, hudol gariad glân.

Weithiau ar y gwynt mae'r lleisiau gynt yn galw,
yn yr eira ar Eryri, olion yn y niwl.

Ti yw ewynnog frig y tonnau'n yfflon ar y traeth.
Ti yw y crwydryn unig dan y lleuad ar ei thaith.
Dy lygad gwyrdd yw'r allwedd hardd sy'n agor porth fy nhŷ.
Dy gariad ffyddlon byddaf tra bo dŵr y môr yn llenwi'r lli.

Llwydlas du a gwyn yw'r bore,
tân yn llosgi ar draws y cwm.
Gwelwch yn y golau cynnar
löwyr yn y pellter llwm.

Wncwl Joe, mae wedi marw
ar ôl oesoedd dan y tir.
Malu awyr ar y gornel,
doedd e ddim yn gweld yn glir.

CWM LLWM

Daeth o'r fro un bore melys,
i ennill arian mawr aeth o
ym mola tywyll dwfn y garreg,
dydd fel nos, yn palu glo.

Gwelodd uffern yr explosion,
gwelodd dân yn berwi'r glaw.
Waliau'r pwll yn syrthio arnynt,
a'i fêts yn curo'r ochor draw.

'Sdim un pwll ar draws y dyffryn
yn codi glo, eu hoffrwm du.
Anodd yw e i esbonio,
druan, druan arnom ni.

DIOGELIR HOLL HAWLIAU GWNEUTHURWR A PHERCHENNOG Y RECORDIAD HWN. NI CHA...

Ochr 1

Cyhoeddwyd yn 1977

GÔG—
1. RUE ST. MICHEL (Mei
2. GWENLLIAN (Meic
3. CWM LLWM (Meic
4. MENYW YN Y FFENESTR
5. Y CRWYDRYN A MI (M

Roedd menyw yn y ffenest mewn ffermdy bach 'ny wlad
Rhwng Penygroes a Bryncir, minnau ar yr iard
Yn aros mewn cab lori yn sbïo arni hi
Roedd ei hwyneb fel y lleuad llawn, swllt mewn hances ddu

'Sneb yn dod yn aml, meddyliais wrth fy hun
Ond crynais am rhyw reswm o flaen ei rhyfedd rin

MENYW YN Y FFENESTR

Roedd gwaith rhyw gelfyddydwr, hen baentiwr gynt o Sbaen
Fe ges i gydymdeimlad o flaen ei gynfas cain
Atgofion ddaeth o flodau'r haul, a llygaid llyfn y crwt
Ei fyd yn las a melyn, ei ffortiwn llai na grot

'Sneb yn dod yn aml, meddyliais wrth fy hun
Ond crynais am rhyw reswm o flaen ei rhyfedd rin

Ei hwyneb oedd yn ddistaw tu ôl y gwydr glas
Bysedd wrth ei thalcen a'r llun yn llawn o ras
A'r dolau'n llawn o ddefaid yn pori yn y ffridd
Pa un oedd realrwydd? Pa un oedd y rhith?

'Sneb yn dod yn aml, meddyliais wrth fy hun
Ond crynais am rhyw reswm o flaen ei rhyfedd rin

Bethesda. 70au (SOS)

Niwl dros y dolau, gwyn, gwyrdd a llwyd,
llai ydy'r arian, drud yw ein bwyd.
Mwg ar y mynydd, rhew yn y cwm,
'sneb i roi croeso i'r crwydryn llwm.

Y CRWYDRYN A MI

Storm yn y nefoedd, cymylau cas,
sêr disglair y dwyrain ar eu ffordd mas.
Drysau ar agor, neb yn y tŷ,
'sneb i roi croeso i'r crwydryn a mi.

Ynfyd yw'r trefydd, pobol o'u co,
llosgi mae'r gwenith, llwch yn y fro.
Sut fath o uffern, ni welais o'r blaen,
dur trwy'r calonnau, gwaed ar y tân.

Oes 'na ryw achub i gadw yn fyw,
oes gwirionedd mewn rhyw fath o Dduw?
Llygad y nos drwy ffenestri y tŷ,
croeso uffernol i'r crwydryn a mi ...

Dim ond cysgodion mewn cwsg yn yr haul
'Mond dau bererin, gwir gyda'r gwael
Aros am eiliad, rhyddid ar gael
Llygad yn sbïo, llygad yn y dyrfa a thu ôl ffenestri du
Wynebau creulon, dwylo ynfyd, nhw sy'n mynd i'n saethu ni

Dim ond cysgodion mewn cwsg yn yr haul
'Mond dau bererin, gwir gyda'r gwael
Aros am eiliad, mae rhyddid ar gael
Pobol mewn ofn, eu gwaed sydd wedi llifo, digon bron i lenwi'r lli
Gwleidyddwyr yn ffraeo, lladdfa yn y ddinas, twrw yn y pentrefi

DIM OND CYSGODION

Dim ond cysgodion mewn cwsg yn yr haul
'Mond dau bererin, y gwir gyda'r gwael
Aros am eiliad, mae rhyddid ar gael
Mam fach, paid crïo, milwr oedd dy faban sy wedi cael ei chwythu lawr
Tair blwydd a phymtheg, esgyrn, croen a gwaed yn farw ar y llawr

Dim ond cysgodion mewn cwsg yn yr haul
'Mond dau bererin, y gwir gyda'r gwael
Aros am eiliad, mae rhyddid ar gael

Aros am eiliad, mae rhyddid ar gael

(Dery)

Dim ond cysgodion mewn cwsg yn yr haul ...

mysg dynoliaeth sydd mor dall.

Dim ond bachgen dall oedd ef
golau 'mhellach draw na channwyll corff
   rhyw seren farw
     Gweli'r nos sydd yn ei lygaid
does dim gobaith iddo weld y dydd
   rhyfeddol fyd
     Dim ond bachgen dall oedd e
â'i ffon bach gwyn yn tapio'i ffordd i'r dre
   o le i le ...

DAI DALL

     Aeth drosodd i'r cyfandir unwaith
ar ben ei hunan ar ei hirdaith ddiwyd
   drwy'r gwanwyn melys
     Iddo fe roedd hwn yn antur
o'r cyffredin, wedyn aeth e i fodio
   draw i Lydaw
     Dim ond bachgen dall oedd e
â'i ffon bach gwyn yn tapio'i ffordd i'r dre
   o le i le ...

     Myfyrio mae e nawr mewn stafell
darllen cerddi gyda'i law deimladol
   mae'n genhadol
     'Mysg dynoliaeth sydd mor ddall
mae'n eithriadol yn ei ffordd yn wir
   mae'n gweld yn glir
     Dim ond bachgen dall oedd e
â'i ffon bach gwyn yn tapio'i ffordd i'r dre
   o le i le ...

Ar rhos y cysgod hir sy'n wylo dagrau moroedd
Ffenestri dall dan lenni tlawd, y machlud haul
Fe gleddais i fy nghyfoeth, adleisiais swyn yr heniaith
Gan daflu rhew doredig tua'r dwyrain gwael
Ond roedd y gogfran a'r golomen las yn cysgu
Mewn tyllau 'muriau'r ddinas ger y lli
Rwy'n mynd nôl i gwm y pren helyg
Codiad haul ar fy nghefn
Troed ar ôl troed fel greddf dŵr yr afon
I wreiddiau'r gorllewin rwy'n llifo nôl

CWM Y PREN HELYG

Rown yn falch fy mod mor dwym mewn esmwyth blu y gwely
Nid fel amser maith yn ôl rhwng waliau'r cwymp
Gyda'r alltud hen a'r crwydryn, yr herwr a'r cardotyn
Yn gwasgu eu poteli gwag mewn gwatwar gwyn
Ond roedd y gogfran a'r golomen las yn cysgu
Mewn tyllau 'muriau'r ddinas ger y lli
Rwy'n mynd nôl i gwm y pren helyg
Codiad haul ar fy nghefn
Troed ar ôl troed fel greddf dŵr pob afon
I wreiddiau'r gorllewin rwy'n llifo nôl

Pan yn gwlychu, llai o gysgod, o dan yr esgob llai y bysgod
A phwy sy'n adeiladu yn ein dolau noeth?
Rhyw gawr a'i fysedd trwm sy'n rheibio maes pob cwm
Ac yn ei ben diofal does dim syniad doeth
Ond roedd y gogfran a'r golomen las yn cysgu
Mewn tyllau muriau'r ddinas ger y lli
Rwy'n mynd nôl i gwm y pren helyg
Codiad haul ar fy nghefn
Troed ar ôl troed fel greddf dŵr pob afon
I wreiddiau'r gorllewin rwy'n llifo nôl ...

Douarnenez, Douarnenez, pysgod yn y bore
Douarnenez, Douarnenez, cychod wrth y cei
Douarnenez, Douarnenez, heddiw ar ei ore
Douarnenez, Douarnenez, cychod wrth y cei

Glas a gwyrdd a gwyn yw'r môr
a'r coed a'r nen yn Douarnenez.
Yn y farchnad pysgod, stŵr
ar lan y dŵr yn Douarnenez.

DOUARNENEZ

Douarnenez, Douarnenez, pysgod yn y bore
Douarnenez, Douarnenez, cychod wrth y cei
Douarnenez, Douarnenez, heddiw ar ei ore
Douarnenez, Douarnenez, cychod wrth y cei

Bombards, binious, drymiau'n taro
gyda'r hwyr yn Douarnenez.
Wrth yr eglwys rown ni'n dawnsio
mewn fest noz yn Douarnenez.

Douarnenez, Douarnenez, pysgod yn y bore
Douarnenez, Douarnenez, cychod wrth y cei
Douarnenez, Douarnenez, heddiw ar ei ore
Douarnenez, Douarnenez, cychod wrth y cei

Awn ni'n ôl cyn bo hir
dros y môr i Douarnenez.
Cerddwn ni drwy'r strydoedd cul
i fwyta moules yn Douarnenez.

Douarnenez, Douarnenez, pysgod yn y bore
Douarnenez, Douarnenez, cychod wrth y cei
Douarnenez, Douarnenez, heddiw ar ei ore
Douarnenez, Douarnenez, cychod wrth y cei

Cerddais yn hwyr drwy strydoedd cul
yn oriau mân y bore,
yfais dy win, felly a fu,
o leuad oer dy freuddwyd.

Ond mae'r nos wedi dod i ben ...

Rhwng y llinellau darllenais wir,
fy nagrau eto'n llifo,
mewn angladd dail daeth fflach o haul
ar ôl y wawr yn deffro.

Ond mae'r nos wedi dod i ben ...

Pwy sy'n aros nawr mewn cysgodion yr ochr draw
a phwy sy'n cysgu ger y lli?
Pan own i ar y llawr yn marw yn y glaw
heb wên na gair est ti.

MAE'R NOS
WEDI DOD I BEN

Rwy'n dal i fyw, mae'n fywyd iach,
tra mad yw glesni'r bore,
atgofion cas sydd wedi mynd,
rwy'n ceisio gwneud fy ngore.

Ond mae'r nos wedi dod i ben ...

O goron graig i fantell môr
gorweddai'r bore wedyn
fel cannwyll gobaith y golau clir,
mor fad oedd ei ymestyn.

Ond mae'r nos wedi dod i ben ...

CÂN NANA

Sêr y daith uwch y waun, distawrwydd ... Alaw nos uwch y rhos, perffeithrwydd
Ond ble'r wyt ti? Pam na ddoi di ataf i?
      Maen nhw'n chwalu sêr ein nefoedd ni, ein breuddwyd ni, Penderyn
Sŵn y nant, lleisiau plant, breuddwydion ... Dryll o gân, byd ar dân, gofidion
Ond ble'r wyt ti? Pam na ddoi di ataf i?
      Maen nhw'n chwalu sêr ein nefoedd ni, ein breuddwyd ni, Penderyn
Llewych lloer, golau oer, cysgodion ... Ha' drwy'r cwm, bywyd llwm, arian
Ond ble'r wyt ti? Pam na ddoi di ataf i?
      Maen nhw'n chwalu sêr ein nefoedd ni, ein breuddwyd ni, Penderyn
Daeth y gwynt ar ei hynt, amharu ... Tywydd garw, rhywrai'n marw, galaru
Ond ble'r wyt ti? Pam na ddoi di ataf i?
      Maen nhw'n chwalu sêr ein nefoedd ni, ein breuddwyd ni, Penderyn
Pe cawn i rin dy gusan di, a'th gael di nôl i mi fy hun, rhyw ddydd mewn dyddiau
                dim ond un Penderyn

Pe medrwn wnio'r enfys yn wisg o liw y gwaed
mi ffitiwn hi amdanat ti, yn drysor at dy draed
Pe medrwn ddwyn pob seren sy'n pefrio uwch yr allt
gwnawn yn wyrth o'u golau i'w ffinio yn dy wallt

...

PE MEDRWN

Pe medrwn roi fy mysedd ar grib yr haul mawr fry
fe'u toddwn, bod amegion, yn fodrwy aur i ti
Pe medrwn forio'r wybren, ar ael fy ffansi ffôl
fe wnawn o'r lloer long hwyliau i frysio atat 'nôl

...

Pe medrwn, pa iws dyfalu beth ŵyr yr haul a'r sêr?
Y gofid sy'n dy galon, a'i freuddwyd sy'n dy fêr

...

Pe medrwn wnio'r enfys yn wisg o liw y gwaed
mi ffitiwn hi amdanat ti, yn drysor at dy draed

...

Duw a ŵyr fy enw, myfi yw Dafi Bach,
ces fy ngeni dan y capel yng Ngharneddi.
Deg o blant yn ein teulu, a ninnau'n waeth na thlawd,
roedd yr hogie i gyd yn cysgu yn 'run gwely.

    Gwae ar yr Arglwydd Penrhyn sy'n heirio plant 'ny glaw,
    gwae arno fe sy'n gwerthu cyrff i fwydo'r llew.
    O! Arglwydd Penrhyn ...

I'r chwarel es yn fore oes, cenllysg yn y gwynt,
malu llechi'r mynydd am fy mywyd.
Saith a chwech yr un oedd y fargen rhwng ein tad, y dyn a ni,
a hapus fyswn am lot llai na hynny.

ARGLWYDD PENRHYN

Dydd ar ôl dydd ar y galleries, Penrhyn yn ei blas,
ein harglwydd Dduw, ein bugail a'n gormeswr.
Ond priodais i efo merch fach lân, fy nghariad Hanna Mair,
a'i charu hi a'i phlentyn oedd fy mhleser.

Un bore ar y llinyn tynn, mi glywais wrth fy ngwaith
Wil drws nesa'n brysio ac yn gweiddi.
"Tyrd lawr, druan, dos i'r tŷ," dychrynnu oedd fy ngwaed,
"ma Hanna Mair a'r plentyn wedi marw!"

Erchyll oedd fy mywyd, penderfynais fynd
i hel am waith ym mhyllau glo Morgannwg.
Mi drois fy nghefn ar y tristwch, a'r purdan yn y cwm,
a 'nghariad o dan flodau trychinebus.

    Gwae ar yr Arglwydd Penrhyn sy'n heirio plant y glaw,
    gwae arno fe sy'n gwerthu cyrff i fwydo'r llew.
    O! Arglwydd Penrhyn ...

Cyllell drwy'r galon yw hiraeth,
pladur trwy wenith yr enaid,
milltiroedd o'r hirdaith a ruthrodd mewn lli
a chraith y garreg ddu.

Clywais fod aur dros y gorwel,
arian yng ngwlad yr addewid,
mae cyfle i bawb a rhyddid i ddyn,
a heddwch i bob un.

CYLLELL DRWY'R GALON

Cyllell drwy'r galon yw hiraeth,
pladur trwy wenith yr enaid,
milltiroedd o'r hirdaith a ruthrodd mewn lli
a chraith y garreg ddu.

Anferth yw gwlad yr Amerig,
mewn cyfoeth ac arian mae peryg,
aruwch yn yr awyr mae'r eryr aur
fel fflach o seren y dydd.

Cyllell drwy'r galon yw hiraeth,
pladur trwy wenith yr enaid,
milltiroedd o'r hirdaith a ruthrodd mewn lli
a chraith y garreg ddu.

Comisiwn i'r BBC. 80's.

(Rhan o'r gwaith 'Cnaeth y garreg ddu, aeth ar goll').

Mor las yw golau'r wawr yn nociau llwyd Caerdydd,
mor agos mae yr awr i hwylio.
Wele'r llong yn paratoi, brysio mae'r holl longwyr,
clywch sŵn y gadwyn ddur, mae'r angor yn codi.

Rwy'n mynd i hel fy ffortiwn dros y môr i America,
Hiraeth bydd gyda mi, ffarwél i wlad y gân ...

DOCIAU LLWYD CAERDYDD

Rwy'n falch mewn ffordd o fynd, mae'n anodd i esbonio,
ond taro mae fy nghalon yn drymach na'r coed derw.
Does dim atgofion cas, mae'n well i gofio'r canu
ar ryw nos Sadwrn fach, Hanna Mair yn caru.

Rwy'n mynd i hel fy ffortiwn dros y môr i America,
Hiraeth byddwch gyda mi, ffarwél i wlad y gân ...

Ond ar y trydydd dydd disgynnodd y stormydd,
roedd wyneb gwyrdd y dŵr mor uchel â'r mynyddoedd.
Sgrechen oedd y gwynt, dechreuodd y daran,
fel corcyn oedd ein llong yn nhrobwll chwyrn yr afon.

Rwy'n mynd i hel fy ffortiwn dros y môr i America,
Hiraeth bydd gyda mi, ffarwél i wlad y gân ...

Gwirionedd fy Nuw 'rôl achub rhag y tonne
Ro'n ni 'gyd ar ein penglinie, dwylo ar ein bronne
Melltith ar y môr, melltith ar y corwynt
A melltith arno fe, creawdwr mawr ein helynt
Wnawn ni byth gyrraedd New Orleans ...

STOROM

Ma' nhw'n dweud fod dyn yn wael, pwy sy'n mynd i ddadle?
Rwy'n teimlo'n waeth na gynne ...
Ar ôl tri diwrnod aeth y gwynt i dawelhau
Ac wythnos ar ôl hynny o'n ni'n glanio ar y cei
Ar y cei yn New Orleans ...

O'r gwaith colledig. Craith y garreg ddolu
80's.

Gwelwch mae tân yn y dawel nos
Mwg yn awelon oer
A beth yw'r twrw ar lwybrau'r rhos?
Gwên ar wefusau'r lloer

Y MEIRW BYW

Oes rhaid cytuno efo'r meirw byw?
Oes rhaid gweddïo efo'r meirw byw?
Oes rhaid ymuno efo'r meirw byw?
Y meirw byw!

Mae'r Cymry'n brin yn ein hardal gwyrdd
'Sdim gair o'r heniaith yn y siop na'r llan
Carafanau sydd yn tagu'r lle
Mae'r Draculas ym mhob man

Mae 'na ormod wedi gwerthu mas
Derbynwyr safonau ffug
Gwell ganddyn nhw fod fel Sais
Troi eu cefnau ar flodau'r grug

Paid gwrando ar y sibrwd hyll
Paid â throi yn erbyn dy waed
Paid derbyn ei ddull
Gwerthu'r tir o dan dy draed

Oes rhaid cytuno efo'r meirw byw?
Oes rhaid gweddïo efo'r meirw byw?
Oes rhaid ymuno efo'r meirw byw?
Y meirw byw!

Ochr 1
Cyhoeddwyd yn 1982

MEIC STEVENS—N
1. Y MEIRW BYW 5.19. 2. DYN
3. BOBBY SANDS 4.43. 4. Y
5. MÔR O GARIAD 3.52. 6.

Geiriau ac alawon i gyd
© Cyhoeddia

be 'di hwnnw, Charlie Chan?
ayatollahs ym mhob man
cyfathrach rywiol yn Iran
dyna'r ffordd i fyw!

Caerdydd 71,

DYNA'R FFORDD I FYW

pymtheg punt, pymtheg oed
gwneud dim brys i'r hen John Lloyd
caru yn y clawdd ger Llys y Coed
dyna'r ffordd i fyw!

Jack the Crack yw ei enw e
o Palma draw i Santa Fe
Good Time Charlies yw y lle
y ffordd i'r bywyd iach, ie!

ie, Jack y Conway, "watch it, pal"
Humpty Dumpty'n cael ei ddal
"jiw, ma'r gloch yn grêt" medde Wili'r Wal
dyna'r ffordd i fyw!

ok, da iawn, a hwyl fawr
coesau yn yr awyr, tin ar y llawr
'sdim byd ar ôl i'w thynnu lawr
dyna'r ffordd i fyw!

Mae 'na filoedd yn dy gefnogi di a thithau yn y carchar.
Clyw sgrech llywodraeth, "Ysbeiliwr ffôl, troseddwr, thyg!" Gwatwar.

Ond beth bynnag maen nhw'n ddweud yn dy erbyn di,
dioddefaint ac angau ddewisaist di
i gael heddwch yn Iwerddon a chael bod yn rhydd.

    Bobby Sands

Darllenais am dy dristwch yn y *Western Mail* mewn erthygl olygyddol,
"Bu farw Sands yn y Long Kesh jêl – derbyniwch y ffaith fel rhybudd."

      Yn ei farn, wnest di farw dros ffyrnigrwydd gwyllt,
      terfysg, dychryn, y bom a'r dryll,
      lladrata a mwrdro oedd dy ddull.

        Bobby Sands

"Nid Merthyr yw Sands," ebe Llais y Sais, "ond gwystl mewn dwylo gwydlon,
esgus gwarthus i gael mwrdro mwy, ac mae Sands yn ddigon bodlon

BOBBY SANDS

i farw dros y terfysg hwn,
lladrata, mwrdro, y bom a'r gwn."
Ond fe eith ei enw i lawr, mi wn,

gyda Phadrig Pearse a Conelly.

Ond beth bynnag maen nhw'n ddweud yn dy erbyn di,
dioddefaint ac angau ddewisaist di
i gael heddwch yn Iwerddon a chael bod yn rhydd.

    Bobby Sands

Bore'n glasu ar y bryniau,
y paentiwr coch yn lliwio'i luniau,
cysgod y gwynt dros y gwenith melyn,
sêr yn chwyrlïo yng nghromen y nos.

Cymylau glaw yn dechre torri,
melin wynt yn dechre malu,
egni'r haul yn ei dorth o fara,
afalau, caws, grawn a gwin.

Y PAENTIWR COCH

Arluniwr ynfyd o'r Iseldiroedd,
lluniau hardd ar waliau'r byd,
aur yr haul yn ei lygaid glas,
ond fe laddodd ei hunan 'slawer dydd ...

Cadair felen, ffenest ar agor,
mewn cariad mae, ond mae'n dechre marw,
harddwch y byd sydd yn torri ei galon,
y paentiwr coch a'i gynfas garw.

i Vincent.
Flat Beryl Conway Rd.

Eistedd yma'n unig 'ben fy hun,
heno 'sdim amynedd i helbul byd,
ond mae'r nos yn ffoi
fel mae'r byd yn troi,
fel y môr o gariad a roddais i ti.

MÔR O GARIAD

'Sdim byd yma heno ond adlais cariad mawr,
ac ein gwydrau gweigion ar y llawr,
ac i gwpla'r llun
yn y botel, gwaddod gwin,
gwaddod y môr o gariad a roddais i ti.

Hwn oedd gariad glân, hwn oedd gariad ffôl,
roeddwn i ar dân, nawr 'sdim ar ôl.

Strydoedd oer y ddinas, strydoedd mor llawn,
atgofion fydd amdani, ei serch a'i dawn,
serch hynny mae'n rhaid byw,
ymuno efo hwyl y criw,
sych yw'r môr o gariad a roddais i ti.

glaswyrdd maen hir
llygad gwyn sêr y tir
mewn hudol hedd y sanctaidd bren
gorwedda Bronwen

CAPEL BRONWEN

eira gwyrdd yr oesoedd hir
llygad y dydd sy'n gweld y gwir
ei hanes yn y garreg hen
carreg fedd Bronwen

cariad dyn ond morwyn Duw
ar lannau'r Alaw yw
gwreiddiau hanes gwreiddiau llên
yng Nghapel Bronwen

priodferch ffyddlon Crist
yma gosodant i orffwys mewn cist
gwyrdd yw eurgylch ei gwên
yng Nghapel Bronwen

Yng nghegin dawdd y cythraul rown yn byw
yng nghegin dawdd y cythraul rown yn byw
gwrthod ffordd y Groes, rasio'r diafol trwy fy oes
nawr rwy'n hedfan i wersyll Duw

Un o wylltion mwya'r ganrif oeddwn i
un o wylltion mwya'r ganrif oeddwn i
dringo oedd fy llinyn tyn, iasboeth ar y mynydd gwyn
nawr does neb i gynnal parti yn y tŷ

CEGIN DAWDD Y CYTHRAUL

i Al Harris.

Rown i'n slochian strawberry milkshakes ambell waith
slochian strawberry milkshakes ambell waith
skateboards ynfyd ar Fachwen, tripio ar El Capitan
nawr rwy'n hedfan tua'r nefoedd ar fy nhaith

Yng nghegin dawdd y cythraul rown yn byw
yng nghegin dawdd y cythraul rown yn byw
gwrthod ffordd y Groes, rasio'r diafol trwy fy oes
nawr rwy'n hedfan draw i wersyll Duw

747 o Aspen lawr i Mecsico
747 o Aspen lawr i Mecsico
ffrindie, paid â bod mor drist, rwy'n smocio efo Iesu Grist
ac ambell lein o coke i godi'r to

Yng nghegin dawdd y cythraul rown yn byw
yng nghegin dawdd y cythraul rown yn byw
gwrthod ffordd y Groes, rasio'r diafol trwy fy oes
nawr rwy'n hedfan draw i wersyll Duw

BETHAN MEWN CWSG

Bethan mewn cwsg, tawel ei gwedd
ynghanol y nos mewn byd mor hen
breuddwydion yw ei hadenydd hi
yn hedfan fel alarch dros wyneb y lli

    mewn cwsg

Bethan yn hwylio dros ddyfroedd y nos
heb ofni y tonnau na'r corwynt cas
gwylanod Manaw a'r wylan goesddu
sy'n arwain ei mordaith dros y nwydwyllt lli

    mewn cwsg

Bethan mewn breuddwyd ar ei merlen wen
o flaen ei marchogion, coron aur ar ei phen
ei chleddyf yw cariad, ei theyrnas yw'r byd
Bethan fach annwyl mewn cwsg yn ei chrud

    mewn cwsg

Saith seren yn disgleirio
yn y gofod uwch ei ben,
ymateb ddaeth o'r lleuad,
proffwyd yn y nen.

SAITH SEREN

Ac mae'n dringo creigiau'r clogwyn,
ac mae'r haul yn goch fel gwaed,
mor drist yw'r mab afradlon
tu hwnt i dŷ ei dad.

Oes 'na un i gydio yn fy llaw
i helpu'r mab afradlon drwy'r eira, gwynt a'r glaw?

Ar y strydoedd mae na'n gorwedd
weddillion dyddiau gynt,
adleisiau yn y sbwriel
sy'n chwythu yn y gwynt.

Newyddion hen diwerth i neb
yn slempian ar y llawr,
ar balmant noeth y ddinas
o fachlud haul i'r wawr.

Oes 'na un i gydio yn fy llaw
i helpu'r mab afradlon drwy'r eira, gwynt a'r glaw?

'Sdim gwely i'r afradlon,
'sdim cysgod rhag y glaw,
tra bo rhai yn rhifo'u cyfoeth
mae'n cysgu yn y baw.

Drwy'r gwanwyn, haf a'r gaeaf
mae'r crwydryn ar ei hynt,
o druan, mab afradlon,
y ddeilen ar y gwynt.

Oes 'na un i gydio yn fy llaw
i helpu'r mab afradlon drwy'r eira, gwynt a'r glaw?

NOS DU, NOS DA

Nos du, nos da, ffrindiau
'Sdim goleuni yn ein tŷ
'Sdim un seren, does dim lleuad
Does dim hwyliau ar y lli
Yma heno hebddot ti

Yma heno heb dy gariad
Dwn i ddim beth yw dy fwriad
Fo'lon marw am dy gwmni
Gwenlli, beth sy?

Sibrwd gwatwar, mwg y dafarn
Gwn i be sy'n mynd ymlaen
Ar ôl y fflach fe ddaw y daran
Nid hwn yw'r lle i bethau cain
'Mond pennau bach a bwgan brain

Heddiw, fory, drennydd, rhywbryd
Fe ddaw'r llanastr i ben
Yn y pen draw bydd datguddiad
Eglurhad daeth i 'mhen
Gau llygad hebog glas y nen

Yma heno heb dy gariad di
Dwn i ddim beth yw dy fwriad
Fo'lon marw am dy gwmni di
Cariad, Gwenlli, beth sy?

Un o ganeuon Gwenllian. 70s.

Something happened in the back room, through the smoke there shone a star
Over yonder in the corner, that's where Victor played guitar
He was hanging 'round town for years, playing bars for a couple of beers
Lighting up the atmosphere, rock on, rock on, rock on
      Play me a Mr Parker song, rock on, rock on, rock on ...

Everybody knew him, he was often in the streets
Drinking in selected bars where the dark ale went down sweet
He lived alone at Water's Way, down in the heart of Tiger Bay
He was the greatest in his day, rock on, rock on, rock on
      Play me a Mr Parker song, rock on, rock on, rock on ...

ROCK ON VICTOR

They say he played in a famous band a while before the war
Wore a white tuxedo, played a Radiotone guitar
Who's that playing that django run? It's only Victor having some fun
He played it faster than a tommy gun, rock on, rock on, rock on
      Play me an Uncle Victor song, rock on, rock on, rock on ...

He gave a lot of pleasure until the day he died
Chipping out like a solo, man, knocker never lied
Jazzmen played, he was shoulder-borne along Bute road on a winter's morn
Snow white, star black, blueful horns, rock on, rock on and on and on ...

      ... rock on

QUEBEC HOTEL

ROCK ON VICTOR

c/w

Red Eye Morning

Mike Stevens

with the

Cadillacs

You make it hard for me baby, every time you go out messin' around
So hard for me honey, every time you go out messin' around
You're an evil-hearted woman
And the talk's all over town

DOG WATCH BLUES

I'm on the dog watch for you baby, some lonely time before the dawn
Howlin' for you mama, it's the darkest hour before the dawn
Had no pleasure out of livin'
Ever since you been gone

Evil-hearted woman
quit your low-down ways
I'm gunnin' for you babe
and I'll gun you down some day

You make it hard for me baby, every time you go out messin' around
You're an evil-hearted woman
And the talk's all over town

Evil-hearted woman
quit your low-down ways
I'm gunnin' for you babe
and I'll gun you down some day

You make it hard for me baby, every time you go out messin' around
I'm on the dog watch for you honey
Everything's goin' down

When I see you comin' round with your face all broken down
It's plain to see that something's goin' on
You're shufflin' in your shoes, and you're cryin' in your booze
Just like somethin' that you need is lost and gone

You've been livin' with the bitch for years, there's talk all over town
Carryin' on behind your back, fuckin' you up and fuckin' around
Take me on your roundabout
      How can you feel at home when you've been locked out?

She was blonde and slim and nice, eyes were cold as ice
You were so blind that you could not leave her game ... oh what a shame!
Chained and nailed you down, on a Christian runaround
When things got rough she sold you out, and then the romance came

BITCH

But you've been livin' with the bitch for years, it's all around the town
Carryin' on behind your back, fuckin' you up and fuckin' around
Take me on your roundabout
      How can you feel at home when you've been locked out?

She made you scrimp and save, and she worked you like a slave
Sucked your blood 'til you was nearly dry ... me oh my!
She's taken everything you've got, man, she's taken the whole lot
And she's blown you out, she's gone with some new guy ... me oh my!

But you've been livin' with the bitch for years, it's all around the town
Carryin' on behind your back, fuckin' you up and fuckin' around
Take me on your roundabout
      How can you feel at home when you've been locked out?

Saw this vision by the sea,
Stripped like you and me,
In the shadow of Llecheden,
Jesus! It was cold that day.

Well, the devil's in command, no one lends a helping hand,
Terror lurks behind closed doors, danger in our land.

Where a full moon rides the sky
There's a flash that makes it die,
People cower under ground
As chaos crashes round.

Where the bombs are falling
Where the flash tears the sky,
All good people of the world can see
The devil riding high.

DANGER IN OUR LAND

Blackened strangers, blood-red steeds,
A thousand soldiers on their knees,
A great cloud rising
Over the graveyard on the hill.

Then the night burst out in flames,
Birds burnt by the rain,
Seagulls scorch the sky
Their wings on fire.

Those who led us from behind
They must think that we're so blind
The very rocks began to melt
Into the boiling sea.

Danger in our land

Saw this vision by the sea,
Stripped like you and me,
In the shadow of Llecheden,
Jesus it was cold that day.

Chorus:

Well, the devil's in command, no-one lends a helping hand,
Terror lurks behind closed doors, danger in our land.

Where a full moon rides the sky
There's a flash that makes it die,
People cower under ground
As chaos crashes round.

Where the bombs are falling
Where the flash tears the sky,
The all good people of the world can see
The devil riding high.

Blackened strangers, blood-red steeds,
A thousand soldiers on their knees,
A great cloud rising
Over the graveyard on the hill.

Then the night burst out in flames,
Birds burnt by the rain,
Seagulls scorch the sky
Their wings on fire.

Those who led us from behind
They must think that we're so blind
The very rocks began to melt
Into the boiling sea.

revelation by the sea.
naked.
~~under the shadow~~
in   of Thunderbolt ro
On a cold morning.

The devil's crazy
Doors locked
Terror,
Peryl in the wor

~~☓~~ Athene sails

~~Flash~~ explodes

~~onto~~

after 1 hour ~~the~~

No humans

Destuction

everyw

am
ings
g

it turned ~~into~~ to (into fire)

~~ered small~~ all small birds

Creulon ydy'r gwenu,
finnau'n dechre synnu,
ac oer yw cannwyll cariad, marwaidd fflam.
Sgrech y brain mewn coron ddrain,
fy nghariad a fy ffrind ...
     Wyt ti'n meddwl bod e wedi darfod?
   Wyt ti'n meddwl bod e wedi mynd?
   Wyt ti'n meddwl bo ti'n gallu mynd i ffwrdd fel hyn?

MYND I FFWRDD FEL HYN

Wyt ti'n amau bo ti ddim mewn cariad
yn dy fwthyn dan y muriau?
Ond esgus ydy'r bywyd newydd hwn.
Gwên y gwin, a dringo'r graig,
maen nhw wedi clymu'r rhaff mor dynn ...
     Wyt ti'n meddwl bod e wedi darfod?
   Wyt ti'n meddwl bod e wedi mynd?
   Wyt ti'n meddwl bo ti'n gallu mynd i ffwrdd fel hyn?

Gwrthodiad ydy'r neges,
hunanddigonol yw y bregeth,
a finnau'n cysgu'n amal efo'r gwn.
Synhwyrus, esmwyth, croen a gwallt,
dy arfau byth mor llym ...
     Wyt ti'n gallu troi y gyllell eto
   yng nghalon fach dy ffrind?
   Wyt ti'n meddwl bo ti'n gallu mynd i ffwrdd fel hyn?

Un o ganeuon Sïwsïan.

Ar lannau llwm yr aber trist
yn wlyb diferu yn y glaw,
i freuddwyd glas y dyddiau gynt
mewn cof rhaid mynd yn awr.
Rwy'n cofio'r estron Sais yn dod
i falu'r dyffryn hwn nes bod o'n farw.

    Mae ysbryd Solfa'n galw nawr,
    ei dolydd sydd dan droed y cawr
    a'i choed mewn carchar.

YSBRYD SOLFA

Mewn drych o ddagrau fel y gwlith,
yn sgrech yr wylan clyw ei llais,
llongau'n hwylio, hwylio'n hwyr,
brodorion yn mynd ymaith.
Dieithriaid sydd yn dwyn y cwm,
mewn cadwyn mae y dyffryn hwn ac mae o'n farw.

Yma nawr, diwedd y gân,
mewn gwair mi gysgaf efo hi,
mi daflaf ddagrau nôl i'r môr
i donnau gwyrdd y lli.
Cymdeithas wedi boddi'n llwyr,
breuddwyd gwallgof, Duw a ŵyr, yn nyffryn Solfa.

    Mae ysbryd Solfa'n galw nawr,
    ei dolydd sydd dan droed y cawr
    a'i choed mewn carchar.

dwi eisie dawnsio
dwi eisie neidio
dwi eisie hedfan
dwi eisie cneifio
dwi eisie rhedeg ar dy ôl
gwneud y pethe ffôl
dwi eisie dawnsio

dwi eisie nofio
dwi eisie dringo
dwi eisie caru
dwi eisie cyrri
dwi eisie rhedeg ar dy ôl
gwneud y pethe ffôl
i ti

DWI EISIE DAWNSIO

dwi eisie llinell
dwi eisie gwyneb
dwi eisie llinos
mae gen i eos
dwi jest eisie rhedeg ar dy ôl
gwneud y pethe ffôl
dwi eisie dawnsio efo chdi, c'mon te!

dwi eisie morio
dwi eisie morwyn
'sdim eisie angor
'sdim eisie cadwyn
dwi eisie rhedeg ar dy ôl
gwneud y pethe ffôl
dwi eisie dawnsio efo Siw, ok …

dawnsio!

dwi eisie dawnsio
   dwi eisie dawnsio
 dwi eisie dawnsio
   dwi eisie rhedeg ar dy ôl
gwneud y pethe ffôl
     dwi eisie dawnsio, ok, alright ...

    dwi eisie bwyta
ie, mae gen i gitâr
   dwi eisie mefus, hufen
  dwi eisie gwefus
   dwi eisie rhedeg ar dy ôl
gwneud y pethe ffôl
    dwi eisie dawnsio, ie ie ie

    dwi eisie dawnsio
ti'n credu?
   jest eisie dawnsio
  yn y gwely
   dwi eisie rhedeg ar dy ôl
gwneud y pethe ffôl
    dwi eisie dawnsio, ie ie

    dwi eisie dawnsio
dwi eisie dawnsio
   dwi eisie dawnsio
  efo Hefin
   dwi eisie rhedeg ar ei ôl
gwneud y pethe ffôl
    dwi eisie dawnsio, ie ie ie

    dwi eisie dawnsio
dwi eisie dawnsio
   dwi eisie dawnsio
  dwi eisie dawnsio
  dwi eisie rhedeg ar dy ôl, gwneud y pethe ffôl
         dwi eisie dawnsio ...

Gweledigaeth ger y lli,
noeth fel ti a fi,
o dan gysgod Carn Llucheden,
Iesu, wedd e'n fore oer.
Wel mae'r diafol mas o'i go,
dryse o dan glo,
pobol wedi dychryn,
perygl yn y fro.

PERYGL YN Y FRO

Lleuad llawn yn hwylio'r nos,
fflach am un o'r gloch
pawb yn ofni mentro allan,
llanastr ym mhob man.
Wel mae'r diafol mas o'i go,
dryse o dan glo,
pobol wedi dychryn,
perygl yn y fro.

Pan mae'r bom yn disgyn, pan ddaw'r fflach a'r gwynt,
Bydd pobol gall y byd yn gallu gweld y diafol ar ei hynt ...

N 1273M-A

33⅓ c.y.t.

STEREO

R

Dieithriaid du, cymylau coch,
mil o filwyr cloff,
cwmwl mawr yn codi
dros y fynwent ar y bryn.
Wel mae'r diafol mas o'i go,
dryse o dan glo,
pobol wedi dychryn,
perygl yn y fro.

Wedyn aeth y nos ar dân,
llosgi'r adar mân,
llwch gwylanod yn yr awyr,
adenydd fflam.
Wel mae'r diafol mas o'i go,
dryse o dan glo,
pobol wedi dychryn,
perygl yn y fro.

Dydy'r blaenwyr ddim yn gall
os maen nhw'n meddwl bo ni'n ddall,
roedd y graig yn dechre toddi
a'r môr yn troi yn stêm a nwy.
Wel mae'r diafol mas o'i go,
dryse o dan glo,
pobol wedi dychryn,
perygl yn y fro.

Aros yma heno, paid â mynd i ffwrdd,
ti wedi cael y neges ac mae'n amser i ni gwrdd.
Aros yma heno, yma gyda fi.
Rhaid i mi gael llonydd, dwi eisie dy gwmni di.

AROS YMA HENO

Aros yma heno, mae 'nghalon i ar goll,
wna i agor y botel a thanio'r gannwyll coch.
Aros yma heno, heno gyda fi.
Rhaid i mi gael llonydd, dwi eisie dy gwmni di.

Mae bywyd wedi gwylltio, dwi ddim yn hanner call,
'sdim amynedd gennyf, mae pethe'n mynd yn waeth.
Aros yma heno, yma gyda fi.
Rhaid i mi gael llonydd, dwi eisie dy gwmni di.

Dwi eisie jengyd nawr, dere gyda fi,
dwi ddim eisie marw eto, dwi eisie byw yn hen.
Aros yma heno, cysga gyda fi.
Rhaid i mi gael llonydd, dwi eisie dy gwmni di.

Mae gen i ferched rhywiol wastad wrth y drws.
Nos a dydd dwi'n yfed, wastad ar y jiws ...
Aros yma heno, aros gyda fi.
Rhaid i mi gael llonydd, dwi eisie dy gwmni di.

'Sdim eisie dweud ffarwél, 'sdim eisie cau y drws
'Sdim eisie cloi fi mas fel alltud yn y ffos
Rwy'n meddwl bo ti'n huno, cariad doed a ddêl
'Sdim eisie dweud ffarwél

'Sdim eisie dweud ffarwél, ni chawn eto gwrdd
Dawnsio efo'n gilydd, sgwrsio wrth y bwrdd
Mae'n well i fod fel hyn, cariad doed a ddêl
'Sdim eisie dweud ffarwél

'SDIM EISIE DWEUD FFARWÉL

'Sdim eisie dweud ffarwél, ond rwy'n dweud ffarwél i ti
'Da ni wedi colli'r ffordd ...
'Sdim eisie dweud ffarwél, ond rwy'n dweud ffarwél i ti
Ond dyna fel y mae, paid anghofio fi

'Sdim eisie dweud ffarwél, 'sdim eisie bod fel hyn
'Sdim eisie bod mewn cariad, dwi eisie chdi fel ffrind
Rhaid i mi symud 'mlaen, cariad doed a ddêl
'Sdim eisie dweud ffarwél

Yn y prynhawn, lleuad yn llawn, ond mae rhywbeth mas o'i le
Hanner dydd a dyna'r sêr aruwch yn sgleinio
Fflach yn y gwynt, lleuad uwchben, cymylau yn chwythu lawr
Coed yn disgyn ar y llawr a'r ddraig yn crynu

Paid troi, 'sdim eisie bod mor gas
Osgoi, 'sdim eisie bod mor las

YN Y PRYNHAWN

Yn y prynhawn, lleuad yn llawn, sêr yn dechre torri mas
Golau gwyrdd yn saethu'r glas, a neb yn sylwi
Gorwel yn ddu ar wyneb y lli, geiriau'n rhewi yn fy ngheg
Corwynt yn y bore teg, mae'r ferch yn tyneru

Paid troi, 'sdim eisie bod mor gas
Osgoi, 'sdim eisie bod mor las

Yn y prynhawn, lleuad yn llawn, lleuad coch yng ngolau'r haul
Adlewyrchu yn y dail fel pur ganeuon
Gwallt yn y gwynt, glaw ar ei hynt, ffrindiau wedi mynd ymaith
Ymhell i ffwrdd â plant y paith, mae nghof yn tynnu

Paid troi, 'sdim eisie bod mor gas
Osgoi, 'sdim eisie bod mor las

O, na, na, na, na ...

Lawr ar y gwaelod, lawr ar y gwaelod gwael ...
Dwi'n mynd i dyfu lan o fanna
      fel mae'r coed yn medru tyfu dail

Lawr yn y gaeaf, lawr yn y gaeaf oer ...
Gwacter yn fy nghalon
      fel noswaith ddu heb gwmni'r lloer

LAWR AR Y GWAELOD

Mae 'na lwyth o bobol ysgafn,
paid â phwyntio'r bys,
  os d'yn nhw methu dwyn yr arian
  maen nhw'n siŵr o ddwyn dy grys ...

Lawr yn y ddinas, gwir a chelwydd fel y baw ...
A oes cariad yna'n aros,
      rhywle'n hongian yn y glaw?

Wrthgweld yr haul yn wedi dros Rwshia
ar fordwith ar nos y Baltic
i Helsinki.

Glas fel lapis lazuli, y mae'r môr yn rhew i gyd,
eira araf, esmwyth yn fy llaw.
Gwawr fel lapis lazuli, eira dros y môr o hyd,
enfys ar y gorwel ochor draw

Mae dŵr y môr mor las â lapis lazuli

Glas fel lapis lazuli'n fflachio yn fy llygaid i,
pêl yr haul fel tân drwy cwmwl baw.
Gwawr fel lapis lazuli, glas fel lapis lazuli,
enfys ar y gorwel ochor draw.

Mae llais y lli mor las â lapis lazuli

LAPIS LAZULI

Glas fel lapis lazuli, drwy'r eira gwyn rwy'n gweld y tir,
cychod wedi maglu yn y drych.
Glannau lapis lazuli, y graig a'r tir, gwyn a du,
sŵn y llong fel mellten yn ei rhych.

Mae llais y lli mor las â lapis lazuli

Gwên, gwên, gwenu, dewch lawr i'r dre 'da fi
Gwên, gwên, gwenu, dwi eisie bod 'da ti
Gwên, gwên, gwenu, dwi ar y dôl
waw, dim pres ar ôl
Gwên, gwên, gwenu, dewch lawr i'r ddawns 'da fi

Gwên, gwên, gwenu, ma' rhywbeth ar y lein
'dwn i ddim, ond rhaid bod un o'r rhain
Gwên, gwên, gwenu, lle gawn ni gwrdd?
dim mwy Bordeaux yn croesi'r bwrdd
Gwên, gwên, gwenu, dewch lawr i'r ddawns 'da fi

GWÊN, GWÊN, GWENU

Sut wnaeth y ceiliog groesi'r ffordd?
'Sdim ots, mae e ar y bwrdd!
Beth sy'n gwneud y broga'n drist?
Gormod o wragedd gan Iesu Grist!

Gwên, gwên, gwenu, mae dy frodyr ar y ffôn
Gwên, gwên, gwenu, mae'r cop cars yn y lôn
cofio beth ddywedaist ti?
"Toute suite," mi wela'i di,
Gwên, gwên, gwenu, dewch lawr i'r ddawns 'da fi

Gwên, gwên, gwenu, dewch lawr i'r dre 'da fi
ieee, dwi eisie bod 'da ti
Gwên, gwên, gwenu, dwi ar y dôl
o shit, dim pres ar ôl
Gwên, gwên, gwenu, dewch lawr i'r ddawns 'da fi

Ffoadur oedd fy nghariad,
wastad wrth ei hun.
Mae'n hedfan nawr fel ysbryd
a'i chorff mewn twll yn ffos y ffin.

    Ond cariad wnaeth droi i ddiferyn o ddŵr
    sy'n llifo fel eog i'r môr ...

Pobman wedd hi'n teithio,
mor unig ac mor drist,
yn whilo am waredwr,
Bwda bach neu Iesu Grist.

SYLVIA

Telynwyr llwyd y lleuad,
cerddorion aur yr haul,
sy'n plannu cledd, y gwenwyn,
lledrith madarch 'mysg y dail.

Ofnadwy yw ei llygaid,
y ffamwst yn ei chri,
ond mae'n magu'r nos a'r hunllef,
cuddio'i dawn dan amdo du.

Rhy hwyr i ddal ei dwylo,
cael achub hi o'r ffau
lle bu'r diawl yn clymu'r enaid,
am byth mae'r llygaid gwyrdd ar gau.

    Y cariad wnaeth droi i ddiferyn o ddŵr
    sy'n llifo fel eog i'r môr ...

SIWSI'N GALW

Siwsi'n galw ar y teleffôn
freako mas rhywle yn Sir Fôn
paid â phoeni, ti yw'r un i fi
lle wyt ti heno, beth a sut a phryd?

Siwsi'n galw ar y teleffôn
finne'n llonydd rhywle lawr y lôn
ar ben fy hun, dim byd yn mynd lawr
"Dwi eisie gweld ti, dewch i Lunden nawr!"

Siws yn galw ar y teleffôn
nes bod y lein yn llosgi lan
"Dwi ddim yn gallau galw nol ..."
mae'n ffonio fi o Bakistan!

Siwsi'n galw o Tokyo
Yokohama a Kyoto
Paris, Moscow, Helsingfors a Chaer
y dyddie hyn, wel, dwi ddim yn credu gair!

Siwsi wedi gorffen llosgi 'nghlust
Siws mewn cariad efo Iesu Grist
"Cariad sanctaidd, rhaid i ti gadw'r ffydd ..."
wel, rwy'n disgwyl gair o'r nefoedd unrhyw ddydd!

ERWAN

Erwan, ble'r wyt ti? Wedi croesi'r afon.
Yn nhafarn Tir na n-Og rwyt ti'n yfed nawr.
Erwan, Kenavo, hen ffrind o Lydaw.
Yng ngwlad y llwybrau tywyll 'sdim golau'r wawr.

    Rwyt ti wedi croesi'r dŵr i wlad y dall a'r byddar,
gyrru lawr y lôn lle fuest ti o'r blaen,
    yn barod, wedi'r hunllef, i fynd i'r fest-noz olaf.
  Bydd dim dawnsio mwy, nac yfed gyda ffrindiau wrth y tân.

Erwan, Kenavo, mae'r Ffrancwyr wedi methu.
'Sdim golau'r gwir i nhw, "pied noir, bonsoir".
Rwyt ti'n chwerthin am eu pennau dros wynebau pren y byrddau.
Cawn gwrdd tu hwnt i'r bedd mewn breuddwydion.

Ar ôl Marwnad Erwan Kervela mewn crash car. 80's.

Wel, hwylio dros y môr i Loegr,
neu falle Sbaen,
'sdim ots ble'r wyf i'n mynd,
'sdim ots ble'r wyf i'n mynd,
'sdim ots ble'r wyf i'n mynd
glas yw lliw y gêm.

Ewch mas i brynu wisgi,
Gwin neu rým,
'sdim ots ble'r wyf i'n mynd,
'sdim ots ble'r wyf i'n mynd,
'sdim ots ble'r wyf i'n mynd
mae bywyd yma'n llwm.

GLAS YW LLIW Y GÊM

Creithiad fi.

Weithie dwi ddim yn yfed,
ond rwy'n cofio chdi,
weithie dwi ddim yn yfed,
weithie dwi ddim yn cysgu,
'sdim ots ble'r wyf i'n mynd
mae'r dagrau'n dod fel lli.

Rhywbryd mi ffeindia'i rhywle
lle galla i fod,
dwi wedi cael llond digon,
ie, wedi cael llond digon,
jyst wedi cael llond digon
o fynd a dod.

                        ...

Wel, hwylio dros y môr i Loegr,
neu falle Sbaen
'sdim ots ble'r wyf i'n mynd,
'sdim ots ble'r wyf i'n mynd,
'sdim ots ble'r wyf i'n mynd
glas yw lliw y gêm.

Clychau arian cyn y wawr,
daw i'r byd lawenydd mawr
ar noson oer Nadolig.

Celynnen werdd a'r uchelwydd,
eu grawn yn goch, eu grawn yn wyn,
a'r eira'n lluwchio dros y llyn
ar noson oer Nadolig.

Yn ei garlusg daw Siôn Corn
i blant o Tsieina a Sir Fôn
ar noson oer Nadolig.

NOSON OER NADOLIG

Syndod rhyfedd yn y nos,
ffrwythau ac anrhegion tlos,
ar noson oer Nadolig.

Cofiwch, blant, am faban clyd,
gwellt y preseb oedd ei grud,
ar fore dydd Nadolig.

Celynnen werdd a'r uchelwydd,
eu grawn yn goch, eu grawn yn wyn,
a'r eira'n lluwchio dros y llyn
ar noson oer Nadolig.

Sgwais hon i Rhaglen dolig
HTV. 1972-3.

Y GAIR OLA'

wel, y gair ti ddim yn hoffi ydy'r gair ti ddim yn hoffi ydy'r
gair ti ddim yn hoffi, hoffi'r gair, y gwir ti ddim yn hoffi
ydy'r gwŷr ti ddim yn hoffi ydy'r gwir ti ddim yn hoffi,
hoffi'r aur, wel, yr aur ti ddim yn hoffi ydy'r aur ti ddim yn
hoffi ydy'r gŵr ti ddim yn hoffi, hoffi Dai, y ddau ti ddim yn
hoffi ydy'r gwir ti ddim yn hoffi ydy'r gŵr ti ddim yn hoffi,
hoffi Dai, wel, y graig ti ddim yn hoffi ydy'r wraig ti ddim
yn hoffi ydy'r aur ti ddim yn hoffi, hoffi Dai, y ddau ti ddim
yn hoffi ydy'r tri ti ddim yn hoffi ydy'r gwir ti ddim yn hoffi,
hoffi'r ddraig, wel, y ddraig ti ddim yn hoffi ydy'r wraig ti
ddim yn hoffi ydy'r gwŷr ti ddim yn hoffi, hoffi'r wraig,
wel, y wraig ti ddim yn hoffi ydy'r aur ti ddim yn hoffi ydy'r
ddau ti ddim yn hoffi, hoffi Dai, *hoffi'r* gair, wel, y gair ti
ddim yn hoffi ydy'r gair ti ddim yn hoffi ydy'r gair ti ddim
yn hoffi, hoffi'r gair, y gwŷr ti ddim yn hoffi ydy'r gwir ti
ddim yn hoffi ydy'r gwŷr ti ddim yn hoffi, hoffi'r gair, wel,
y dyn ti ddim yn hoffi ydy'r gwn ti ddim yn hoffi ydy'r ci ti
ddim yn hoffi, hoffi Dai, wel, y cŵn ti ddim yn hoffi ydy'r
gwn ti ddim yn hoffi, wyt ti'n dal i gredu, hoffi'r gair?

*a nawr, mae hi bron yn amser i ffarwelio â stiwdio Sain
â'n ffrindie i gyd yn y gogledd 'ma, ond cyn mynd mae
rhaid i fi ddweud diolch o'r galon i'r band ... Haleliwia!
brodyr a chwiorydd ... my soul's been saved*

shut up!

Ble'r wyt ti heno, ymhell i ffwrdd?
Dim eisie gweld neb arall, pryd gawn ni gwrdd?
Dim eisie meddwl, dim eisie gwneud.
Dim eisie siarad, dim gair i'w ddweud.

Y geirie yn golygu dim.
Myfi yw'r bwgan ar y bryn.

BWGAN AR Y BRYN

Tân ar yr aelwyd, coed ar y tân.
Tegell yn berwi, trist yw'r gân.
Glaw yn y ffenest, gwynt yn y drws.
Gwin, caws a bara, hogyn bach tlws.

Y geirie yn golygu dim.
Myfi yw'r bwgan ar y bryn.

Lleisie drws nesa, hogie o'u co'.
Bugeilio'r defaid, llwytho'r glo
Gwag ydy'r dafarn, rhewi mae'r fro.
Niwl yn Llithfaen, dyna fo ...

Y geirie yn golygu dim.
Myfi yw'r bwgan ar y bryn.

Tristwch yn Nefyn, ffarwél i ffrind.
Mae'r wraig wedi marw a'r ferch wedi mynd.
Maen nhw'n dal i fod yng nghanol y criw.
Mae ganddo fe ffotograff wedi'i dynnu mewn lliw

Y geirie yn golygu dim.
Myfi yw'r bwgan ar y bryn.

Mae'r gaucho yn dod ymhell oddi yma,
o bentre Trelew draw yn y Wladfa.
Mae'r merched yn ei garu e, ond mae'n symud o le i le.
Gaucho ar garlam, plentyn y paith,
heb dy geffyl a'r defaid, ymhle cei di waith?
        Gaucho ar garlam ...

GAUCHO

Maen nhw'n gofyn lle mae e, o Malaga i Gaerdydd,
ond ma'r gaucho a'i gitâr yn canu yn rhydd.
Weithie ma llythyre yn dweud i ni ble mae e ...
Gaucho ar garlam, plentyn y paith,
heb dy geffyl a'r defaid, lle cei di waith?
        Gaucho ar garlam ...

Madryn dy geffyl, dy folas a chorn,
yng nghysgod yr Andes, lawr yn y cwm.
Gaucho, mi wn rhyw ddydd daw'r hiraeth i ben,
ond breuddwyd y gaucho yn fyw yn dy ben
        Gaucho ar garlam, plentyn y paith ...

            gaucho ar garlam, caled yw'r daith,

                gaucho ar garlam ...

VICTOR

Seren wib oedd yn y gornel mewn ffwndwr yn y bar,
Dyma chwedl Wncwl Victor, gwên ar yr hen gitâr.
Roedd e'n byw yn Loudon Square, bob bore roedd e'n crwydro yn y dre,
Pob cymeriad yn adnabod e ...

Gwin a mwg a merched drwg ...

       Gwên fawr o dan yr hen het ddu a pheint o gwrw mwyn,
       Bysedd hir yn pigo'r tannau, Victor yn creu swyn.
       Awn heno i'r Quebec i weld y dyn a'r hen gitâr ar ei ben-glin,
       Wncwl Victor yn goleuo'r sîn ...

Gwin a mwg a merched drwg ...

Ges i siom pan wnaeth e farw un prynhawn ar ben fy hun,
Dim rhybudd nac arwyddion cyn aeth e dros y ffin.
Gŵyl o fiwsig oedd ei gynhebrwng e, jazz o'r dwyrain a swing o'r de,
Y maestro du o Tiger Bay ...

                    ... popeth yn ei le

Herio Hogyn bach am smocio, oist?

Roedd e'n teithio gyda Mam,
weithie'n rhedeg dôp o Pakistan.
Pedwar-ar-ddeg o dan yr haul,
dyna'r gwir a dyna'r gwael ...

Gadewch e'n rhydd
                    ... Timothy Davey

TIMOTHY DAVEY

Saith mlynedd am gario dôp,
i hogyn bach dyw e ddim yn jôc.
Helynt hyll yn Istanbul,
digon i hala'r Iesu'n ddwl ...

Gadewch e'n rhydd
                    ... Timothy Davey

Dylanwad cudd y CIA,
tipyn o sbort i hela hipis mas o'r dref.

Beth yw'r sens a beth yw'r point
herio hogyn bach am smocio joint?
A wedyn gwrthod bail –
aeth yr hogyn bach yn grac mewn jêl ...

Gadewch e'n rhydd
                    ... Timothy Davey

(i Joshua Slocum) y dyn cynta i hwylio rownd. bydafan len ei hun

Môr yn dy gwsg, rwyt ti'n troi ac yn troi
fel plentyn mewn breuddwyd y nos.
Llygad yn agor yng ngoleuni'r wawr,
lluddedi fel emrallt fach dlos.

Sibrwd dy wefus ar y traethau o hyd,
cusanu y sgwners a'r clippers o fri.
Tonnau fel bryniau a chymylau du,
fel mellten mae'r llong ar ei hynt.

Joshua, llongwr dewr, môr yn dy ben,
Joshua, dy gariad yw'r lli.
Joshua, ble yn dy gwch bach ti'n mynd,
De Affrica neu'r Caribî?

JOSHUA

Mae 'na sôn yn y porthladd, siarad o hyd,
mae'r bobol yn dweud, "Wyt ti'n ffôl, wyt ti'n ffôl?"
Ond hwylio wyt heno i amgylchu'r byd,
efalle ddei di ddim yn ôl.

Mae'r sêr ac mae'r lleuad a'r llanw yn llawn,
a'r lli yn heddychol a phur.
'Y Tawch' sydd yn torri fel cleddyf trwy ddŵr
yr Iwerydd yn llonydd, yn glir.

Mae 'na sôn yn y porthladd, siarad o hyd,
mae'r bobol yn dweud, "Wyt ti'n ffôl, wyt ti'n ffôl?"
Ond hwylio wyt heno i amgylchu'r byd,
efalle ddei di ddim yn ôl ...

Uwch ar y mynydd mae ysbrydion
lle mae'r gwan yn ofni byw,
aruwch i'r mynydd lle mae'r barcut yn crynu,
lle fydd rhyw fath o ddiafol neu rhyw fath o dduw.

AR Y MYNYDD

Yn nyfnder aswy yr ogof,
peiriannau disglair mawr,
a chân drist trwm caethweision llwm,
dyrnwyr tragwyddol dylanwad y cawr.

Mae rhith y dringwyr marw
yn aeron du y llus,
syrthio a hongian ar glogwyn yn mwmian
a'r gwynt mor oer mae'n rhewi'r chwys.

Dros ledred yr oerddwr clywaf
alarnad y Lledrydd Llwyd.
Doeth neu ffôl, does dim troi'n ôl,
dewis terfynol yr ola glwyd.

Uwch ar y mynydd mae ysbrydion
lle mae'r gwan yn ofni byw,
aruwch i'r mynydd lle mae'r barcut yn crynu,
lle fydd rhyw fath o ddiafol neu rhyw fath o dduw.

Ti'n mynd i'r parti gwyllt yn llawn o bobol hyll,
sôn am dwrw, 'sneb yn clywed gair ... o na
Mae'r drysau oll dan glo, maen nhw'n dawnsio ar y to,
llond tŷ o rocers, paraffin a gwair!

Dwi eisie mynd i'r parti gwyllt i weld be sy'n mynd lawr,
maen nhw wrthi nos a dydd nes bo nhw'n crasho ar y llawr!
Mewn neu mas, neu yn rhedeg mas mewn ias,
        dim neb o'r bobol hyll i'r parti gwyllt!

Lawr yn y parti gwyllt, yn llawn o bobol hyll,
merch yn 'sgwennu llythyr ar wal ...
Mae graffiti ym mhob man, a'r pymtheg Doberman,
a rasta gwirion, maen nhw'n newydd, wedi'u dal ...

PARTI GWYLLT

Dwi eisie mynd i'r parti gwyllt i weld be sy'n mynd lawr,
maen nhw wrthi nos a dydd nes bo nhw'n crasho ar y llawr!
Mewn neu mas, neu yn rhedeg mas mewn ias,
        dim neb o'r bobol hyll i'r parti gwyllt!

Dwi'n mynd i'r parti gwyllt yn llawn o bobol hyll,
sôn am dwrw, 'sneb yn clywed gair!
Mae'r drysau oll dan glo, maen nhw'n deffro cwsg y fro,
llond tŷ o rocers, paraffin a gwair!

Dwi eisie mynd i'r parti gwyllt i weld be sy'n mynd lawr,
maen nhw wrthi nos a dydd nes bo nhw'n crasho ar y llawr!
Mewn neu mas, neu yn rhedeg mas mewn ias,
        dim neb o'r bobol hyll i'r parti gwyllt!

                              ... o ie

John Burnett, lle wyt ti'n cysgu nawr?
John Burnett, lle wyt ti wrthi nawr?

Yn Birmingham roedd eira gwyn, Nadolig llawen wedi mynd.
Ond efo'r gyllell farwol wnest ti ladd fy ffrind.

John Burnett, pam redest ti i ffwrdd
ar ôl yr ymosodiad ar y ffordd?

Dest ti tu ôl ni yn y glaw efo cyllell yn dy law.
Gadewaist ti fy ffrind i farw ar y llawr.

JOHN BURNETT

John Burnett, does neb yn gwybod pam.
John Burnett, trychineb ym mhob man.

Dieithryn, dwy-ar-bymtheg oed, wnaeth ddim byd cas i neb erioed,
a'r ysbryd drwg yn cuddio, chwerthin tu ôl i'r coed.

John Burnett, mae'r lleisiau ar y ffôn.
Hanner cant o goppers ar y lôn.

Ond yn y fagddu wnest ti guddio, arswyd mawr yn meddiannu chdi,
wnest ti anwyddu'n sydyn gyda'r noson ddu.

Caerdydd. 1973-4.

243

Mona Lisa, gwn yn iawn be sy
Mona Lisa, gwn yn iawn be sy
Rwyt ti'n cŵl i Leonardo ond ti'n gwneud dim byd i fi

Fi'n gwybod lle dwi'n sefyll efo Meri Jên
Fi ddim eisie Mona Lisa, mae hi ar y plên
Dwi eisie Meri Jên

MONA LISA

Mona Lisa, rwy'n caru Meri Jên
Mae'n gariad bach ffyddlon ac yn glên
Fe gei di fws neu geffyl, cart neu plên

Fi'n gwybod lle dwi'n sefyll efo Meri Jên
Fi ddim eisie Mona Lisa, mae hi ar y plên
Dwi eisie Meri Jên

O'n i'n meddwl bo ti'n caru fi
Hongian mas yng ngei Paris
Ie, mae gynnoch chi grêt o wên
Llawer gwell na cwrw yw Meri Jên!

Meri Jên, fy nghariad a fy ffrind
Ti'n lawer gwell na Lisa, ti'n gwybod lle i fynd
Ti'n wyrdd a hardd a ti'n tyfu ar y bryn

Rwy'n gwybod lle dwi'n sefyll efo Meri Jên
Dwi ddim eisie Mona Lisa, mae hi ar y plên
Dwi eisie Meri Jên ...

Ti yw y clown sy'n chwerthin ac wylo,
mewn atgof y beddau ym mynwent y dre,
baneri o goch, glas a gwyn yw dy ddillad,
melyn yr aur ac arian y sêr.

Hapus a thrist ac ofnus dy wyneb,
weithiau mae dagrau ac weithiau mae gwên,
sgidie'n rhy fawr, tylle'n y sodle,
awyrgylch y ffair, rhacs jibidêrs.

Pwped wyt ti, enfys fach liwgar,
ffantasî, hwrê a gwellt yn dy ben,
dewin o bensaer, creawdwr dy syrcas,
y mwnci, y parot, yr hogyn bach pren.

Y CLOWN

Ti yw y clown sy'n chwerthin ac wylo,
mewn atgof y beddau ym mynwent y dre,
baneri o goch, glas a gwyn yw dy ddillad,
melyn yr aur ac arian y sêr.

Rwy'n gweld ti yn amal lawr yn y strydoedd,
o dan dy fwgwd mae dy wyneb yn las,
ti'n whilo am ffordd allan o'th iselfrydoedd,
ti a dy syrcas sydd ar y ffordd mas.

Ti yw y clown sy'n chwerthin ac wylo,
mewn atgof y beddau ym mynwent y dre,
baneri o goch, glas a gwyn yw dy ddillad,
melyn yr aur ac arian y sêr ...

i Siusi.

Hwyr, dyma'r gân addewais i ti,
adlais y lleuad ar wefus y lli,
dyma dy gân, hon ydy'r gân addewais i ti.

DIWEDD Y GÂN

Eto y geiriau glywais lawer gwaith
gan gerrig y clogwyn, gan dywod y traeth,
dyma dy gân, dyma dy gân, addewid i ti.

Hwyr, dyma'r gân addewais i ti ...

Rhy hwyr y mae'r wên oedd werth mwy i mi
na'r holl aur ac arian i'w gael yn y byd,
dyma dy gân, dyma dy gân, addewid i ti.

Rhy hwyr, dyma'r gân addewais i ti ...

Wel, dyma'r gân addewais i ti ...

Rhaid i mi symud, rhaid i mi fynd,
byw heb dy gariad, galw ti'n ffrind,
dyma dy gân, diwedd y gân addewais i ti.

Distawrwydd yr anialwch, nadroedd yn y de
Chwys a baw a dant y llew ac eryr yn y dre
Emynau'n dod o'r dyfnder, sŵn y terfysg mawr
Cymanfa ganu Tir na n-Og ac oratorio'r jiawl

Wel dyma'r clown â'i ben yn llawn o hwrio, medd a sbri
Cwch bach gwyn ar wyneb llyfn neu donnau gwyllt y lli
Y Gwir sydd ar y goeden wedi'i hoelio'n sownd i'r pren
Dagrau'r sêr fel perlau diniwed yn y nen

DISTAWRWYDD YR ANIALWCH

Roedd y llynges o'r gorllewin yn longau arfog mwy
Mae newyn ar y glannau, teyrnasau tlawd heb fwyd
O'r dwyrain daw yr ateb, ie, mwy o'r llongau hir
Eto yn llawn o filwyr er mwyn cael lladd y Gwir

Brenhines gwyrdd, rho achub rhag yr eryr ac y llew
Bysedd brwnt arweinwyr mor farus ac mor dew
Clyw gyfarth yn y dyffryn, y cleddyf, chwip a'r gwn
A gweddill fyth, sydd dal yn rhydd, yn jiengyd oddi'r cwm ...

Dyma'r dyffryn rhyfedda a welais i
Rhy debyg i'r Ogwen a'r Rhondda wyt ti
Mae'r afon yn llifo mor araf ag uwd
Llusgo fel llysywen drwy'r glaw a'r niwl
Mewn cwsg o dan y llechi gwlyb
Neu freuddwyd brwnt y pyllau du

DYFFRYN RHYFEDD

Mae'n well yn y chwarel nag ar y clwt
Ond mae peswch yr hogie yn siglo'r cwt
A lawr yn nyfnder y pyllau glo
Roedd Wncwl Phil ac Wncwl Joe
Mewn cwsg o dan y llechi gwlyb
Neu freuddwyd brwnt y pyllau du

Maen nhw'n dadle fod pŵer yn creu gwaith
Pa iws yw'r trydan sy'n gwenwyno'r llaeth?
Olew a phlastig yn llygru'r lle
Arfau i'r Dwyrain yn ei le
Mewn cwsg o dan y llechi gwlyb
Neu freuddwyd brwnt y pyllau du

Digon o waith yn yr orsaf fawr
Sŵn satanaidd chwyrnu'r cawr
Gorsaf niwclear ar lan bob llyn
A chancr yng nghnawd y pysgod gwyn
Mewn cwsg o dan y llechi gwlyb
Neu freuddwyd brwnt y pyllau du

Llwch dros y byd yw egni drud

Ond ti'n sâff pan ti'n gyrru dy gerbydau clyd

O'r opera roc. Cracati y garregddu.

A man came home from work one night
Found his house without a light
He went upstairs to go to bed
When a sudden thought came to his head

He went into his daughter's room
And found her hanging from a beam
He drew his knife and cut her down
And on her breast this note he found

"Dear God, I wish my child was born
then all my troubles would be gone.
So dig my grave and dig it deep,
and place white lilies at my feet."

SAILOR'S SONG

They dug her grave, they dug it deep
And placed white lilies at her feet
And on her breast they placed a dove
To show that she had died for love

Now, all young maidens bear in mind
A sailor's heart is hard to find
And if you find one good and true
Don't change the old love for the new

A man came home from work one night
Found his house without a light
He went upstairs to go to bed
When a sudden thought came to his head

Alright!

In the early morning chapel I'll be praying
For the rising of the new sun won't be long
As the dawning comes up yawning
Well, I heard a young girl calling
Takes a country boy to sing a country song
Let him sing it one more time, he can't go wrong
As the dawning comes up yawning
Well, I heard a young girl calling
Takes a country boy to sing a country song

COUNTRY BOY

Well, my lady she is waiting in the garden
With her rings and pretty things, I won't be long
She is juniper and vine, and elderberry wine
Takes a country boy to sing a country song
Let him sing it one more time, he can't go wrong
As the dawning comes up yawning
Well, I heard a young girl calling
Takes a country boy to sing a country song

I don't want no backstreet jailhouse in the city
Where the blues, the blacks, the smokestacks block my mind
Well, my home is far away where the sun is making hay
And the strolling birds fly down the golden sky
Takes a country boy to sing a country song
Takes a country boy to sing a country song
As the dawning comes up yawning
Well, I heard a young girl calling
Takes a country boy to sing a country song, *yes it do!*

Pretty Polly, Pretty Polly, won't you walk along with me?
Polly, Pretty Polly, won't you walk along with me?
Before we is married some pleasure to see.

He took her by the hand from where he did ride
Took her by the hand from where he did ride
Killed Pretty Polly, she fell by his side.

PRETTY POLLY

Hey Willie, Willie, Willie, I'm afeared of your ways
Willie, darlin' Willie, I'm afeared of your ways
I'm afraid you're gonna lead my poor body astray.

Hey Polly, Pretty Polly, you're guessin' just right
Polly, Pretty Polly babe, you're guessin' just right
I've been diggin' on your grave the best part of last night.

Stabbed her to the heart and her lifeblood did flow
Stabbed her to the heart, lifeblood did flow
Down in the grave, down in the grave
                down in that grave Pretty Polly did go.

Threw some dirt on her, started for home
Threw some dirt on her, started for home
Leavin' nothing but the flowers, nothing but the flowers
                nothing but the flowers and the wild birds to moan

Pretty Polly, Polly, won't you walk along with me?
Polly, Pretty Polly, won't you walk along with me?
Before we is married some pleasure to see.

Rwy'n cofio cwrdd â ti
mewn cylchoedd llwybrau cul
sydd byth yn dod i ben.

Sefyll ar y weiar tynn
uwch y perygl a'r poen,
sêr oedd yn dy ben.

Yna gofynnais, "Pwy wyt ti?"
Edrychaist arna i,
atebaist jyst fel hyn ...

  "Dwi'n dod o bell i ffwrdd,
  dwi ddim yn byw fan hyn."

Ac wedyn yn y bistro llwyd
mewn swae a fflachio hyll,
rhyfedd oedd y gair.

WARE'N NOETH

A rhyfedd oedd ein sgwrs
fel mil o ystlumod gwyllt
yn nhân y Delyn aur ...

  Mae'n amser i mi fynd,
  rwy'n teimlo mas o le.

Dros y cyffiniau rhedest ti
jyst i whare rhan
mewn fideo, rhyw ffantasî.

Mor hawdd â jymp fach ar y bws,
efalle yr express
i Marseille neu'r hen Amsterdam.

Gwthiwch y pres yn y tacsi ffôn,
paid aros mewn i mi,
dwi ddim yn dod yn ôl.

Can arall i 'Can i Gymru' 1ost.

Dyma'r llythyr o'r anialwch llwyd 'sgwennais yma ar ben fy hun
Gwlith ar y môr o dywod, o unigrwydd daeth fflach o'r gwir

Ond mae'r tymhorau'n troi ac mae'r awr yn dod
    ac mae'r gwaith wedi dod i ben
Mi fydda i'n hedfan cyn bo hir yn y nos, cyn y wawr
    ar yr awyren wen

Dim ond gwaith a gwylio fideos, syched mawr a'r caban poeth
Llunie lliw o *Knave* a *Penthouse*, byddar ar y waliau'n noeth

Ond mae'r tymhorau'n troi ac mae'r awr yn dod
    ac mae'r gwaith wedi dod i ben
Mi fydda i'n hedfan cyn bo hir yn y nos, cyn y wawr
    ar yr awyren wen

RHOSYN YR ANIALWCH

A dyma rosyn o'r anialwch llwyd a dyfodd yn y tywod gwyn
Mi bigaf di, ni raid i ti cyn bo hir, cyn y wawr, hedfan o'r anialwch llwm

Ar goll yn yr anialwch llwyd, mae'r byd wedi anghofio fi
Llygad sydd yn llawn o golled bob bore yn gwynebu fi

Ond mae'r tymhorau'n troi ac mae'r awr yn dod
    ac mae'r gwaith wedi dod i ben
Mi fydda i'n hedfan cyn bo hir yn y nos, cyn y wawr
    ar yr awyren wen ...

Ar goll yn y glaw
mewn hydref yn Tangiers,
maglu mewn mês,
penbleth yn fy llaw.
Ti yn y nos
mewn hydref yn Tangiers,
diwedd y râs,
yr ateb ochr draw.

Gwylanod glas yr haul,
llygad y gwynt,
adenydd y storm,
ar goll ar ei hynt.
Cadwch draw o'r tir
lle mae'r bobol yn byw,
ffyrnigrwydd ei lynges,
casineb y criw.

HIRAETH BREGUS

Angau y tonnau
ar y llanw mor ddu,
gorweddant yn dawel
ar wefus y lli.
Ein holl gyrff i'r aberth,
ein tynged mor ddu,
chwerthin fel ffylied
yn boudoir y lli.

Draw yn y glaw
mewn hydref yn Tangiers,
maglu mewn mês,
penbleth yn fy llaw.
Ti yn y nos
mewn hydref yn Tangiers,
diwedd y râs,
mae'r ateb yr ochor draw.

WEDI BWRW 'I BLWC

Edrych ar y zumains, miloedd ar y sîn
babis Maggie Thatcher, ie, Vicki Vaseline
sothach yn y papure, graffiti ar y wal
villains, thugs a terrorists, a Poirot methu'u dal
cuddio rhag y plismyn ...
y jiawled wedi rhoi fi yn yr un hen jam
yn sydyn ar y teli, dyma un yn dod
wastad yn malu cachu, eisie mwy a mwy o glod
        wedi bwrw 'i blwc, wedi bwrw 'i blwc
    dewch nôl fory, falle cei di lwc
        wedi bwrw 'i blwc, wedi bwrw 'i blwc
    dewch nôl fory, falle cei di lwc

dwi'n nabod yr holl dduwie sydd yn y nef
Batman, Maradona a Jetski Dave
cwrddes i â'r Iesu rhyw fore gwyn
dangosodd imi'r ffordd, sut i gerdded dros y llyn
dim mwy Berlin Wall, dim byd i'w dynnu lawr
jest crwydro mewn yn cysgu, a gorwedd ar y llawr
beiblau a'r insurers, bleeders ar bob llaw
edrych yn y gornel, mae'r rastas yna nawr
        wedi bwrw 'i blwc, wedi bwrw 'i blwc
    dewch nôl fory, falle cei di lwc
        wedi bwrw 'i blwc, wedi bwrw 'i blwc
    dewch nôl fory, falle cei di lwc

bye-bye!

i Mike Santos

sbwriel yn llusgo ar y llawr
enfys eira'n toddi nawr
daeth hen gi mor gloff a glas
piso'n araf ar y wal
crynu yn yr awyr oer
cloch yr eglwys taro'r dôn
ateb tonnaidd yn y nos
clustiau byddar ar y lôn
llusgodd y llwydion rhag y gwynt
sydyn Pentax yn y llaw
ysbrydion sêr sydd ar eu hynt
wedi crebachu yn y glaw

SANDOZ YN LOUDON SQUARE

dyma'r sgwâr oedd fel y nef
lle'r o'n i'n dwyn hen losin du
tŷ coch neu dafarn bob 'nail drws
dim byd ar ôl fy hen zombie
dyma'r *crèche municipale*
o dan ei pheint seimllyd a ffug
etifeddiaeth babis bach

teimlo hiraeth yn y crud
        merched yn fflashio nylons du
hongian tu fâs i'r tŷ bach glas
        ffoaduriaid o'r North Star
maen nhw wedi'u towlu mas

        mae'r gamlas heno'n llawn o rým
lle bu'r plant yn nofio gynt
        a dyma fe y gwrcath du
        blue beat jeifio ar y gwynt
            a dyma gofgolofn arglwydd mawr
o dan y gastanwydden bêr
        aroglau melys ganja gwyrdd
        gyda'r lloergan, gyda'r sêr
        a dyma waliau plas y glo
a dyma'r eglwys ar y bryn
            dychmygwch fod e'n bosib i
daro'r nefoedd o fan hyn
        amhosib oedd e inni weld
beth oedd o flaen ein llygaid ni
        yma heno yn yr ardd
        tu hwnt i ddiwedd galacsi

('Sandoz.' is the swiss Drug Company
who first manufactored L.S.D.
Lysergic Acid Dithylamide.
London Sq was at the
            Heart of 'Tiger Bay' in Cardiff.

257

Ar y dolau glas yn cerdded,
pobol bach ar lwybrau'r defed,
rhai o'r fro a rhai o'r trefi,
llwm yw'r ffordd i'r gorlan gul.

TÂN NEU HAF

Rhywle dros y nen,
dyddie dyn sy'n dod i ben.
Rhywle dros y nen,
fflamau'n aros ar y pren.

Ac yn dy lygaid tynn
mae'n fore niwlog eto.
Beth yw'r ots i ti mewn cwsg?
Dy freuddwyd sy mor wag.

Tân neu haf ...

Ar y pafin yn y ddinas,
clyw ar adlais baw yn galw,
clec adenydd rhwng hen waliau,
llwch a llwyd yw lliw'r golomen.

Ac yn dy law
llai yw bywyd na cheiniogau.
Ac yn dy waith y mae
dy freuddwyd fel y claf.

Tân neu haf ...

Ar y dolau glas yn cerdded,
pobol bach ar lwybrau'r defed,
rhai o'r fro a rhai o'r trefi,
llwm yw'r ffordd i'r gorlan.

Tywyllwch, rwyt ti'n fflachio'n hwyr,
cyflymach na' mae'r byd yn troi,
ac mae'r gwir yn ffoi.
Dim ond gyda'r nos ti'n deffro,
does neb yn gweld dy wyneb di,
cysgod du.

Rwyt ti'n gwisgo du a meddwl du, fy ffrind,
dwi'n amau fod dy ben yn dechrau mynd.
Dallineb porffor pryfed yn y glaw,
gwallgofrwydd llwyd yn slempian yn y baw.

T Y W Y L L W C H

Paradwys yn y sauna preifat,
nefoedd gyda cherdyn aur,
ond paid dweud gair.
Tequilas fel y machlud haul,
grawn yn hongian dan y dail,
gwin ar gael.

Hwrens hardd Modigliani,
cannibals y caffi llwyd,
disgwyl bwyd.
Yfed margaritas sur,
cnoi'r cnawd a malu'r gwir,
dannedd hir.

Rwyt ti'n gwisgo du a meddwl du, fy ffrind,
dwi'n amau fod dy ben yn dechrau mynd.
Dallineb porffor pryfed yn y glaw,
gwallgofrwydd llwyd yn slempian yn y baw.

Newyn anifeiliaid yn y coed,
Gwefusau coch na welwch byth erioed.

Yn ardal ni 'sdim mwg na thes
ac mae'r bobol dda yn gweud "wês wês".
Ond down below maen nhw'n gweud "gadeeks"
ac mae'r fro yn llawn o English freaks.

Yn y fro, lawr yn y fro Gymraeg!

YR INCREDIBYL SEICEDELIC SILISEIBYN TRIP I GRYMYCH

'Sneb wedi'u gweld nhw'n gweitho lot,
maen nhw'n gwerthu antiques, tyfu pot,
gwisgo lan fel bois y Frenni
mewn welis gwyrdd ar Garreg Menyn.

Lawr yn y fro Gymraeg!

'Sai'n gweud ei fod yn mynd rhy fynych
i dorri hedd cymdogion Crymych.
Mae cyfoeth yr ardal yn edrych lan,
nhw sy'n prynu'r hen grocs a'r carafans.

Lawr yn y fro, lawr yn y fro Gymraeg!

'Seni nhw'n bwyta lot,
ambell i daten a hen shallot,
mae'n nhw'n gweitho hefyd cawl heb gig,
llonydd i'r defed a'r moch yn y grug.

Yn y fro, yn y fro Gymraeg!

Maen nhw'n gwybod popeth am astrology,
crefyddau'r Dwyrain, gwrechcraft, anarchy.
Mae'r druan glas mor dwp a ffôl,
chaso bobman ar eu hôl.

"Too much" yw Operation Julie,
acid kitchen, speed, hen ddwli.
Pechod i ni sy'n talu'r trethe
i hela ar ôl shwd fath o dacle.

Lawr yn y fro Gymraeg!

Roedd festival 'da nhw yn yr haf,
roc a rôl yn y tywydd braf.
Meddwi, mwgi, tancio'n llawn,
dawnsio'n borcyn bob prynhawn.

Yn y fro, dawnsio yn y fro Gymraeg!

Ond paid ffrïo, paid mynd mor boeth,
diniwed glân yw dawnsio'n noeth.
Tethe'n fflachio yn yr haul,
cael dy gorff lawr yn y gwair.

"Baniwch hwn!" Paid bod mor ffôl,
mae Bryn yn dangos ei ben-ôl.

Pigo madarch yn y parc,
dal i bigo in the dark.
Ond beth sy'n synnu chefs y fro,
ti'n bwyta nhw, ti mas o'th go.

"Far out, man, you really flip!"
'Sdim byd fel y Crymych trip.

Yn y fro, tangnefedd yn y fro Gymraeg!

Yn y London House oedd rhyw foi,
aelod brwd o'r Peace Convoy.
Ebe fe, oedd 'dag e ffrind
a gâth ei gorff lawr gyda Bryn.

A'r cewri oll i gyd yn chwerthin
pan ffeindiodd Gwynfor ei fod e'n perthyn
i un o hipis noeth y ffair.
Mae e wedi galw'r babi'n Gwair, neu Mair ...

Gwair Cymraeg!

Llygaid llwyd y plentyn bach
sy'n gweld y llongau'n mynd ymaith,
o'r cysgod glas a'r rhwyd yn troi
yn borffor ar y traeth.

Llongau'n deffro dan y Gribyn,
rhaffau'n dynn fel tannau telyn,
hwyliau niwlog i'r gorllewin
sy'n toddi yn y machlud melyn.

LLYGAID LLWYD

Dyma lun y llanw llawn,
cychod cerrig gleision Dyfed,
adlais dur a'r rhwyfau hir
dros ddrych o ddŵr yn hud yr Hydref.

Ffrwydriad hwyr o ddisgyn dail,
gweledigaeth gwir dangnefedd,
golau hudol, hed yr haul,
o flaen ein llongau rhyfedd.

Llongau'n deffro dan y Gribyn,
rhaffau'n dynn fel tannau telyn,
hwyliau niwlog i'r gorllewin
sy'n toddi yn y machlud melyn.

(Sotfa) Sgwenwyd Caerdydd 70's.

Helo Mrs Jones sy'n byw dros y ffordd
Helo Mrs Jones, rwyt ti'n annwyl i mi
Helo Mrs Jones, mae'n rhaid i ni gwrdd
Dwi'n meddwl dwi'n syrthio mewn cariad 'da ti

Mae'n rhaid i ti gredu
Mae'n rhaid gorfoleddu y ffaith, Mrs Jones
Dwi'n gweld ti bob bore
Yn edrych dy ore, "ooh nice", Mrs Jones

HELO MRS JONES

(i Caryl).

Helo Mrs Jones
Yn seren mor ddisglair ar sgrin ein TV
Helo Mrs Jones
Efallai ga'i gyfle i actio 'da ti

O flaen y teledu
Yn y stafell wely'n cael te, Mrs Jones
A clywed ti'n gweud
"Pasia'r marmalêd", o grêt, Mrs Jones, fy mêt, Mrs Jones

Helo Mrs Jones
Rwy'n gweld ti yn amal o gwmpas y tŷ
Yn golchi dy lestri tu ôl y ffenestri
Mrs Jones, ti a fi

Mae'n anodd i gredu
Mae'n rhaid gorfoleddu, mae'n wir, Mrs Jones
Bydd rhaid i ni briodi
Mae 'nghalon i'n torri, o wir, Mrs Jones, wir i chi, Mrs Jones

Helo Mrs Jones!

whoopee

Cathy yn chwarae yn y dafarn bob nos,
chwarae roc a rôl ar yr hen gitâr,
mae'r awyr yn llawn o fwg a stwr,
neb yn cymryd sylw wrth y bar.

    Bob nos, bob nos mae'n mynd i'r ffair,
    seren y dafarn yw Catherine Mair,
    Tele bach gwyn o dan y staer,
    bibopalwla'r delyn aur.

Meddwyns y ddinas yna'n cwrdd,
bikers a punks, y meddwyns a'r ffôl,
gwydrau'n fflachio ar y byrdde,
maen nhw'n dod i weld Cath a'i roc a rôl.

BIBOPALWLA'R DELYN AUR

Pump troedfedd o fiwsig, hwyl a sbri,
canwch y blues i'r Gwyddelod mwyn,
potel o Smirnoff yn ei handbag du,
swig ar y slei cyn plygo mewn.

Dyma gân i Bill, ac un i Jean,
Phillips yn ymuno ar yr organ geg,
Tele yn fflachio ar ei ben-glin,
Mickey yn ymuno a whare'n deg.

    Bob nos, bob nos mae'n mynd i'r ffair,
    seren y dafarn yw Catherine Mair,
    Tele bach gwyn o dan y staer,
    bibopalwla'r delyn aur.

be 'di hwnna?
ma' rhywbeth yn sibrwd   ysbrydion
mwmian yn y coed
be 'di hwnna?
be 'di hwnna?
teimlad
ysbrydoliaeth
trwy'r awyr
niwl   oesoedd
dewch lawr ...
merched tywyll
anghyffredin
anifeiliaid   cŵn hela
prancio fel eira gwyn
rhai'n olau, ie, ife
mas o'r ffynnon wen
dewch lawr ...
dyfroedd y nos
lawr yn y dyffryn

D E W C H   L A W R

dewch lawr ...
lle mae'r afon lydan yn sgleinio fel llysywen anferth
dewch lawr
i'r dolau gwyn
arogl fel carthen gry'
dewch lawr ...

mae cychod Gwen yn rhwyfo
　　　　lan a lawr
　　　　　　　　nôl a mlaen
　　　heibio hen ddolydd
　　　heibio ffermydd
　　　heibio meysydd beichiog
dewch lawr ...
　　　　　　'co nhw fel y gwynt
　　　　　　　miloedd o wartheg coch
　　　　　　　　　pori'n dawel dan goed afalau
　　　　　　　　　　　llwythe bwyd yn hongian lawr
　　　　　　　　　　　　ac yn disgyn
　　　　　　　　　　　　　disgyn lawr
　　　　　　　　dewch lawr i'r winllan ...

Melyn, aur a choch, mae'r byd yn troi,
ym mynwent nos mae'r eira'n fôr o dan y lloer.
Llwyd a gwyn ac arian rhwng y tonnau du,
tonnau trist yr atgof wnes i gladdu ddoe.

Trwy fflamau distaw hydref âf
cyn rhew y gaeaf llwm.
Dros grib y Moelfryn âf am dro
er cof am blant y cwm.

ER COF AM BLANT Y CWM

Mae lleisiau plant yn chwarae'n galw draw
a lawr y cei mae'r cychod hwyr yn hwylio mas.
Cariadon yn y grug o dan yr eithin gwyllt
gusanodd yn y machlud ar y cribyn glas.

O bont Caerforiog lawr i allt Caer-frân
mi grwydrais hyd y dyffryn yn yr awyr iach.
Swper fydd y brithyll aur o Felin-bach
a dwy gwningen wedi'u blingo yn y sach.

Trwy fflamau distaw hydref âf
cyn rhew y gaeaf llwm.
Dros grib y Moelfryn âf am dro
er cof am blant y cwm.

Y mae llongau sydd yn hwylio dros fynyddoedd gwyllt y don,
hwylio draw o Norwy ers oes i'r ynys hon.
Mewn llongau cry o goed a dur mae'r rhain yn rhoi i fi
dros foroedd oer y gogledd i ddociau llwyd Caerdydd.

Efallai dim ond breuddwyd, ond siŵr mi welais i
y bae yn llawn o hwyliau y llynges gynt a fu.

Sgwners a Stavanger, clippers o Baltimore,
brics o Gasablanca a Califfornai-o.
Tafarnau Bute a James Street yn llawn o forwyr glas,
aros maent am lanw llawn er mwyn cael hwylio mas.

YR EGLWYS AR Y CEI

Y mae yng Nghaerdydd hen eglwys bren sy'n sefyll ar y cei,
ac un yn Abertawe ar y dociau ger y bae,
er cof am goed gwyn Norwy a aeth i'r pyllau du,
i goliars dewr y cymoedd, eu glo oedd fel y lli,
a'u glo yn llenwi'r lli ...

Iechyd da i'r llongwyr a'u llongau ar y don
a hwyliodd drwy y stormydd i'r ynys fechan hon.
A iechyd da i'r coliars, 'sdim lot mewn gwaith ddim mwy,
ffarwél i'r glo, mae'r byd yn troi i niwclear a nwy ...

Efallai dim ond breuddwyd, ond siŵr mi welais i
y bae yn llawn o hwyliau y llynges gynt a fu.

TAFARN ELFED

Wel, heno awn am sbri, dewch gyda ni,
rho dy sgidie dawnsio ar dy draed ...
Porffor, glas a piws, jin ac orange juice,
lawr i'r gwesty gore yn y wlad ...
     Parti gwyllt sydd yna
Beth sy'n bod, fy ffrind?
   Sai'n gwbod lle fi wedi bod
  A sai'n gwbod lle dwi'n mynd
    Âf i draw i'r bar, ddim yn bell o 'ma,
    lawr yng ngwesty Elfed yn y dre ...
Elfed, hen foi iawn, cadw'r gwydre'n llawn,
enwog mae am slapio'r dwbwl bâs ...
Ac enwog ydy'r band, ie, famous in the land,
Dyma nhw, y saints yn martsho mas
     Parti gwyllt sydd yna
Beth sy'n bod, fy ffrind?
   Sai'n gwbod lle dwi wedi bod
  A sai'n gwbod lle dwi'n mynd
    Mae'n amser i ni fynd, so "iechyd da, pob ffrind!"
    wna i weld ti 'to yn y dafarn ger y môr ...
Wel iawn, daeth y wawr, hanner wedi naw,
wrth fynd mas, "please zi cau ze door!"
     Parti gwyllt sydd yma
Beth sy'n bod, fy ffrind?
   Sai'n gwbod lle dwi wedi bod
  A sai'n gwbod lle dwi'n mynd
    Awn ni draw i'r bar, ddim yn bell o 'ma,
    lawr yng ngwesty Elfed yn y dre ...
Dyna'r lle i fod, lle mae'r criw yn dod
o'r gogledd, dwyrain, gorllewin a'r de!

Morwen fach mewn hedd, ym mherllan gwez y gwelwch hi
Merc'hed mad y medd, y chouchenn gore yn y byd
Melys, mêl yr haul, afalau yn y dail
Morwena fach yn dod â'r melys fedd i mi

MORWEN Y MEDD

Plouie yn y nos, mae'r pentre'n las o dan y lloer
Ar y mynydd du, 'sneb yn byw yn y gaeaf oer
Skouarneg yn dod draw gyda lambig ym mhob llaw
Morwena fach a'i gwên yn dod â medd i mi

Morwena'n weddi'n dawel, gyda'i melys fedd ...

Aur ac arian byd sy'n hongian yn yr awyr ddu
Gwersyll Arthur hud yw hanes plant y gwenn ha du
Sêr yn cwympo lawr, yn pefrio ar y llawr
Morwena fach a'i gwên yn dod â'r medd i mi

cigfran yn clwydo ar y deoryddion
trachwant cnawd a gwaed ei foddion
   lladd y plant, lladd y plant …

dyma'r gwrachod cyfoeth yn mynd i'r ffair
fideo erchyll o flaen llo aur
   lladd y plant, lladd y plant …

YFORY Y PLANT

mewn adfail ysgol, bwrdd-du llosg
sialc toredig, sgwennodd "cosb"
  lladd y plant, lladd y plant …

fflach yn y ffenest, dant yr arth
cwmwl pry yn y dosbarth
   lladd y plant, lladd y plant

aur a gwaed, chaos trachwant
saethwch yr athro, lladdwch y plant
lladd y plant, lladd y plant

dyma Abram, cyllell yn ei law
ei fab wedi'i glymu yn y baw
lladd y plant, lladd y plant

saethwch y beirdd, aberthwch y plant
'sdim digon i'r cythrel trachwant
lladd y plant, lladd y plant

cynelwad y bach yng nghroth ei fam
yn tyfu o'r dryll, y toddyn a'r bom
lladd y plant, lladd y plant

gofalwch ar ôl tyfu lan
byddwch yn ofalus, ti'n gwybod pam
y plant, y plant ...

byddwch yn ofalus chi bobol fawr
yfory ddaw ar ôl pob gwawr
i'r plant, i'r plant ...

Mae waliau aur y deyrnas wedi toddi,
y tacsis olaf ar y ffordd yfory,
nawr 'ben fy hun.
Yng ngwely'r llyn, nwy a gwenwyn,
sawr sulphide a cyanide
nawr 'ben fy hun.

Ar ôl y dôn does dim sôn,
gofod byddar ar y Vodafone,
angau opera ffug y clôn,
fel fi.

ANGAU OPERA FFUG
Y CLÔN

Ffandango sipsiwn cudd y fro,
dawns dan y lleuad, y sgorpio,
nawr 'ben fy hun.
Genedigaeth cenedl o ffroen y dryll,
babis hardd yn troi yn hyll,
nawr 'ben fy hun.

Mewn gerddi tarmacadam blin,
meseia ola' ar y guillotine,
nawr 'ben fy hun.
Wedyn âf i hela'r dryw
drwy'r adfail lle bu plant Duw yn byw,
nawr 'ben fy hun.

Ar ôl y dôn does dim sôn,
gofod byddar ar y Vodafone,
angau opera ffug y clôn,
fel fi.

Rhy hwy, rhy hwyr, 'gweud y gwir i ti
Dos o 'ma nawr, falle wela i ti

Rhy hwyr, rhy hwyr, ma'r ateb wedi dod
Paid gweud dim mwy, fi'n gwbod be sy'n dod

Mae gen i ferch sy'n byw ar gopa'r bryn
Un arall, ie, sy'n byw ar lan y llyn

Rwy'n dwp mewn cariad ond 'dwy ddim mor ynfyd nawr
Os wyt ti ddim mewn cariad, cariad bach, fe ddaw

RHY HWYR

Ro'n i ar goll, dwi ddim ar goll dim mwy
Mae gen i gariad, falle un neu ddwy

                                       ... neu dri

Rhy hwyr, rhy hwyr, ddim eisie esbonio 'to
Rwy'n mynd cyn hir, ma'r chwant i grwydro nôl

Roedd gen i gariad lawr ar lan y lli
Wel, rhaid mynd, mynd a'i gadael hi

Rhy hwy, rhy hwyr, 'gweud y gwir i ti
Dewch nôl bob nos, falle wela i ti

Petalau gwyn mewn gofod du
eira yn yr oriau mân
dyma rosus gwyllt y nos
anodd gweld y blodau glân
aros wnaf am doriad gwawr
pan ddaw diwedd i fy nghân
nawr mae'r amser wedi dod
i losgi'r blodau yn y tân

BLODAU GWYLLT Y TÂN

Blodyn gwyllt sy'n gallu troi
wedi pydru yn y dŵr
rhosus gwynion gwyllt y nos
mewn tywyllwch heb ddim stŵr
merch yn eistedd 'ben ei hun
ac mae'n dechrau sibrwd cân
ti yw'r unig un sy'n rhoi
fy ngwaed ar dân ...

Ti ddim yn galw yma mwy
Ti'n mynd o gwmpas gyda fo
Wyt ti'n dod nôl i fi?
Neu, cariad, Kenavo?
Gofid mawr amdanat ti
Hen deimlad wedi mynd
Wyt ti wedi gadael?
Beth sy'n bod, hen ffrind?

LAWR AR Y CEI

Lawr ar y cei yn y tywydd braf, lawr ar y cei, dim caniatâd

Ti yw fy ysbrydoliaeth
'Mond ti sydd ar wahân
Sai'n gofyn am dangnefedd
Ddim eisie canu'r gân
Mynd ymlaen, mynd ymlaen

Lawr ar y cei yn y tywod braf, lawr ar y cei yn yr haf

Wyt ti'n ofni gweud y gwir?
Ces y neges gan hen ffrind
Ti wedi jiengyd mas
Popeth wedi mynd
Dwi ddim yn mynd i aros 'ma
Hongian ar y teleffôn
Wna i siarad drosot ti
Rho fy nghalon yn y bin

Lawr ar y cei yn y tymor braf, lawr ar y cei yma yn yr haf ...

EISIE ANGHOFIO TI

Dwi eisie anghofio dy serch
Gwallt tywyll a chroen fel ifori
Gwelais rywbeth rhyfedd tu ôl y sbectol haul
Dwi eisie anghofio ti
Dy freuddwyd yn fyw yn 'y mhen
'Sdim hawl 'da fi ddisgwyl dy gariad
Dwi wedi cusanu dy wyneb a dy wên
Nawr dwi eisie anghofio ti
Angylion sy'n chwerthin
Can y cylchau'n chwythu trwy fy mhen
Mihangel sy'n rhybuddio
Fel cân yr eryr, yr eryr wen
Wyt ti'n clywed y chwerthin?
Cân y cylchau'n chwythu trwy fy mhen
Llais yr angel yn rhybuddio fi
Fel yr eryr, yr eryr wen
Ti a dy bethau tlws
Mor agos yw gwên dy enaid
Mae'n anodd i ddisgrifio'r dolur ti 'di creu
Dwi eisie anghofio ti ...

Un o ganeuon Gwenllian.

O'n i'n byw ar lan y lli
y mab afradlon
dafad ddu
Hi oedd fy annwyl ffrind
y ferch mor hardd
ro'n i fel hyn
Siario popeth gyda fi
breuddwydion, gobaith
yr hyn a fu
Hi oedd fy angel ...
Nawr ar ben fy hun
ar ôl teithio'r byd
ers amser maith yn ôl
Dewch i mi, fy angel
dwi eisie dy gwmni di

ANGEL

Buom mewn cariad, amser hir
dwedais ddim gair am ein cariad ni
dwedais ddim gair i neb am ei harddwch
a'i werth i mi
fy angel ...

Nawr wrth sychu 'nagrau hallt
er cof am ei llygaid hardd a'i gwallt
Rwy'n dod i 'nabod hi
am fod mor wir
mae wrth fy ochr i

Nawr, dechre mynd yn hen, ie mae'r gwir yn dechre dod
i'r rhai sy'n byw mewn hedd fel angel ...

Eira cariad yn y nos,
crynu yn yr oriau mân,
aruwch i'r mynyddoedd
fe gododd fel cân

Dwi ddim eisie mynd i'r nen
drwy'r cymylau gyda ti,
mae'n well i mi aros
ar lannau'r lli

ADENYDD ICARWS

Adenydd Icarws sy'n toddi'n ara yn yr haul,
ein cyrff ni mewn fflamau,
  lliwiau'r disgyn dail

Ond hedfan tua'r haul a wnaeth,
dau'n hwylio'n ofnus ar eu hynt,
y tad a'i fab annwyl
yn ffroenau y gwynt

Adenydd Icarws sy'n toddi'n ara yn yr haul,
ein cyrff ni mewn fflamau,
　lliwiau'r disgyn dail

Nawr yng ngolau hanner dydd
mae'r haul yn dechre fflachio'n boeth,
fel sgerbwd disgynodd
ei freichiau mor noeth

Adenydd Icarws sy'n toddi'n ara yn yr haul,
ein cyrff ni mewn fflamau,
　lliwiau'r disgyn dail

Dilyn wnaethom hed yr haul,
trist oedd ein cam,
disgynodd trwy'r awyr
ein cyrff ni mewn fflam

Adenydd Icarws sy'n toddi'n ara yn yr haul,
ein cyrff ni mewn fflamau,
　lliwiau'r disgyn dail ...

merch yn y canol, mae dy wyneb mor drist
gormod o gelwyddwyr yn sibrwd yn dy glust
yn y canol, dwi eisie gafael yn dy law
hedfan o ma'n gynnar cyn y wawr
yn y canol ...

rhywle yn y gwynt a'r glaw, aros y cysgod hir
rhywun o mor unig yn sgwennu neges ar y mur
pethau bach sy'n poeni nhw sy ddim yn gweld y gwir
merch yn y canol ...

MERCH YN Y CANOL

merch yn y canol, mae dy gorff yn drwm
mor drist dy lygad yng nghanol bywyd llwm
yn y canol ...

hi sy'n talu'r trethi a gofalu am y tŷ
mae ffrindie, o mor foethus, jyst yn chwerthin amdanat ti
pethe mawr sy'n poeni a ti ddim yn gweld yn glir
yn y canol ...

merch yn y canol, mae dy wyneb mor drist
gormod o gelwyddwyr yn sibrwd yn dy glust
yn y canol ...

Mae'r lloer yn dweud ffarwél i'r nef,
goleuadau'n diffodd yn y dref,
ac hebddot ti ni fedraf fyw
ar ben fy hun yn canu cân

CÂN O DRISTWCH

O dristwch am fy ngwely llwm,
breuddwydio rwyf wrth gysgu'n drwm
am blentyn bach sy'n crïo'n wyllt
ar ben ei hun yn canu cân o dristwch

Dyddiau maith yn fflachio yma a thraw,
fy nagrau i yn llifo fel tonnau yn y glaw

Ond nawr mi wn does dim ar ôl,
ni ddaw fy nghariad byth yn ôl,
rwy'n teimlo nawr atgofion ffôl,
mor unig wyf yn canu cân o dristwch

Dyddiau maith yn fflachio yma a thraw,
fy nagrau i yn llifo fel tonnau yn y glaw

... ar ben fy hun yn canu cân o dristwch

Mae pobol yn rhy dene, eisie gwisgo dillad tynn
Maen nhw'n bwyta cyn lleied ag y gallan nhw, nyts am fod yn slim
Mae newynog y byd yn llwgi, bore a'r prynhawn
Dyna beth ddwedodd Dai i fi, "Diawl! Ma'r byd ma'n llawn!"

'Sdim digon o le yn y bwthyn bach hwn i'r teulu oll i gyd
'Sdim digon o le ar y planed crwn i bobol bach y byd
'Sdim digon o le ar y motorway, digon o le i straen
'Digon o le yn y Trydydd Byd, ond ma' digon o le i chwaen

DIGON O LE

Lawr yn y ddinas, bore tan hwyr, rhaff yn dwyn ei chwt
Mwg a tes yn ei ffroenau sy'n poeni'r ci bach clwt
Ond ma'r dyn bach clwt yn y mwgwd llwyd mae e'n gwisgo am ei ben
'Sdim digon o aer yn yr awyr llwyd, gwenwyn yn y ncn

O'n i ar y ffordd i'r gogledd yn gynnar un prynhawn
Rhaid i mi sefyll yr holl ffordd, Iesu! o'dd y trên yn llawn
O'dd eisie mynd i'r tŷ bach twt, o'dd y tŷ bach twt ar gau
Arwydd ar y drws yn dweud "Engaged" – "Dal dy ddŵr", medd Dai ...

Yn hwyr, cyrhaeddais Bangor jyst ar doriad gwawr
Drws y tŷ bach ar agor, roedd y cachu heb fynd lawr
Rhyw ddydd fe ddaw yr ateb ar ôl y frwydr fawr
Dynion twp sy'n cachu ar y byd, mae'r haul yn mynd i lawr

'Sdim digon o le yn y bwthyn bach hwn i'r teulu oll i gyd
'Sdim digon o le ar y planed crwn i bobol bach y byd
'Sdim digon o le ar y motorway, digon o le i straen
'Digon o le yn y Trydydd Byd, ond ma' digon o le i chwaen ...

Cân i Gymru   wnaeth e ddim llwyddo.

Ar yr allor yn y capel mae'n gweddïo
Dyma'r bore a'r haul yn codi dros y bryn
Dyma 'nghariad tlws, ei chysgod wrth y drws
A finne eisie gafael ynddi'n dynn
    ... dim ond lleisie'r fro sy'n medru canu gwlad

I fy nghariad y mae dwe wedi darfod
A mae'n gwybod ble yn union mae hi'n mynd
Wel, hi yw'r haul yn wir
Fy nghariad a fy ffrind
    ... dim ond lleisie'r fro sy'n medru canu gwlad

CANU GWLAD

'Gweud y gwir, mae dwe wedi darfod
Dyfodol pell yn las fel golau'r wawr
Celwydde byth yn tyfu ar ei thafod
Heddiw, dwe, fory ac yn awr
    ... dim ond lleisie'r fro sy'n medru canu gwlad

'Dwi ddim eisie bod mewn ffatri yn y ddinas
Lle mae lliwiau'r dydd yn troi i lwyd a du
Ac mae harddwch gwyllt 'da hi
Fel y mynydd, coed a'r lli
    ... dim ond lleisie'r fro sy'n medru canu gwlad

Bûm yn siarad â mi fy hun
yn unig ar y ffin
'Smo fe'n gwneud gwahaniaeth mwyach nawr
Bydd rhyw ddelfryd neu rhyw lun
am byth yn erfyn dyn
Ond ar wahân o dan yr un to mae hi nawr

O, dim ond dy ffantasi
breuddwyd serch yr hyn a fu
Gaf i fod yn rhan o'th farddoni di
'so ti'n caru fi dim mwy

CARU FI DIM MWY

Wel, mae'r hanes ar draws y lle
ar dafod ar hyd y dre
Nid oes yma'r un sy'n cadw ffydd
Neb ar fy ochor yma
Cariad wrthi'n difa
Fel hen dŷ cardie heno ar derfyn dydd

O, dim ond dy ffantasi
breuddwyd serch yr hyn a fu
Gaf i fod yn rhan o'th farddoni di
'so ti'n caru fi dim mwy ...

Deep in my heart, I do believe
Seeking to find paths to the way
Moon light the night, sun light the day
I will believe and I will pray

Down by the sea in the old Rock and Fountain
Dance to that jazz hot jive
Higher and higher like a walk in the mountain
Many have vanished but I am still alive

DEEP IN MY HEART, I DO BELIEVE

Deep in my heart, I do believe
Seeking to find paths to the way
Moon light the night, sun light the day
I will believe and I will pray

Pray for a girl with her bright eyes shining
She's lighting the way through this dark and lonely place
Pray for the people whose faith is declining
Sing from her soul for the whole human race

Deep in my heart, I do believe
Seeking to find paths to the way
Moon light the night, sunshine all day
I will believe and I will pray

Love is awakened with you in the morning
Close in your arms in the warmth of your bed
I'll never forget your eyes softly weeping
Safe in my memory is all that you've said

Deep in my heart, I do believe
Seeking to find paths to the way
Moon light the night, sun light the day
I will believe and I will pray ...

; Heather,

stuck in the middle, you've got it all to do
I know your love is beautiful and true
in the middle, you've had your sad affairs
but you've shone like a diamond all those years
stuck in the middle ...

    I can see you driving through the mountains in the rain
no one seems to know it, but you carry so much pain
    sometimes you confide in me, and there you go again
  stuck in the middle ...

STUCK IN THE MIDDLE

stuck in the middle, I wish you could explain
maybe I'm amazed 'cos you're doing it again
stuck in the middle ...

    maybe there's a stooge somewhere for you, you take the blame
some unlucky scapegoat, but I guess it's just the same
    it can't go on forever, but to you it's all a game
  stuck in the middle ...

stuck in the middle, you've got it all to do
I know your love is beautiful and true
in the middle ...

Sweden, Merchyr y Carol

Summer sailors sail away, the snow fell soft like velvet in Felinheli
Gentle breezes kiss the bay, ghost ships dock in old Pwllheli
    ... footprints in the snow
High, high, the starry lights that guide their ships through peaceful silence
Why, why, is this the night, the starry night of deadly violence?
High, high, the starry lights that guide their ships in peaceful silence

A quiet ghost sits on her chair, warms herself beside the fire
Yawning now, she shuts her book, very soon she will retire
Slowly climbs the stairs, before the mirror goes her hair
High, high, the starry lights that guide their ships to peaceful silence
Why, why, is this the night, the starry night of deadly violence?

STARGIRL

Moonlight shimmers round her bed, candle lights the moments golden
Eternal sleep bears her aloft, to galaxies she is beholden
    ... a starchild now is born
High, high, the starry lights that guide their ships to peaceful silence
Why, why, is this the night, the starry night of deadly violence?

High, high, the starry lights that guide their ships in peaceful sadness
Why, why, is this the night, the starry night of deadly violence?

dedicated to Clive and Elinor.

I've been talkin' to myself, walking all alone
But it don't make much difference any more
I had my schemes and my ideas, I never wanted much
We've been living apart, behind the same front door

I was just your fantasy
Young love, a teenage dream
Won't you let me into your poetry?
Don't you love this girl no more?

TALKIN' TO MYSELF

The news is all around that you've gone and let me down
No one left here that I can trust
There's no one on my side, and all our love has died
Like a fallen house of cards that's turned to dust

Sometimes the pain comes creepin' back as I walk along the track
Here I stand as the world goes rushing by
So I turn my head and go to that valley down below
Walk that golden beach where only seabirds cry

I was just your fantasy
Young love, a teenage dream
Won't you let me into your poetry?
Don't you love this girl no more?

Don't you love me any more?

This is the original version.
Written in Castforiog 1968

She is the smile of sunlight in the willow-patterned leaves.
And she can move the ripples of the lake, and from her face.
She will not change me or arrange me, making me lose my way.
She does not know I have to go and leave her in this quiet place.

Saying she loves me still, she breaks her sacred temple down.
Tasting my kiss on someone else's lips, the sun goes down.
She is the whip of pity, though my wounded sorrows grow.
She does not know I can no longer live here and it's time to go.

SHE DOES NOT KNOW
I HAVE TO GO

Sometimes on a mountain track the troubadour gets lonely,
tossed upon the mighty waves, the wild and stormy sea.

She is the child of many moons ago and winding streams.
Danger of light and darkness on her journey are extremes.
She is a timeless mystery, she seldom shows her face.
She does not know I have to go and leave her in this quiet place

MYNEGAI I'R CANEUON A'R CERDDI

MYNEGAI CYFFREDINOL